# Origami

# Origami

Nick Robinson

p

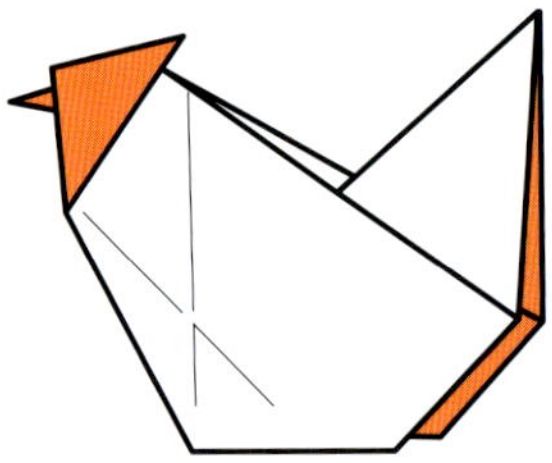



Entwurf und Realisation:
Design Principals, Warminster



Parragon
Queen Street House
4 Queen Street
Bath BA1 1HE, UK

Übersetzung:
Wiebke Krabbe, Damlos
Lektorat: Şebnem Yavuz, Köln
Satz und Projektkoordination:
trans texas GmbH, Köln

ISBN 1-40545-509-8

Printed in China

# Inhalt


Vorwort 6

Das Papier 9

Falttechniken 10

**Techniken und Grundformen 12**

- Verstecktes Kreuz 13
- Gegenbruchfalte nach außen 14
- Gegenbruchfalte nach innen 15
- Hasenohr 16
- Drachenform 17
- Zusammengeschobenes Quadrat 18
- Zusammengeschobenes Dreieck 19
- Blintzform 20
- Fischform 21

**Faltmodelle 22**

- Katzenkopf 23
- Fledermaus 24
- Taschen-Herz 26
- Papiergefäß 28
- Bleistift 31
- Kirche 32
- Baum 34
- Holterdiepolter 36
- Schale 38
- Mammut 41
- Bank 42
- Modul-Ring 44
- Kolibri 46
- Schnabelgesicht 48
- „Pureland“-Fisch 50
- Frosch 52
- Dinosaurier 54
- Hühner 56
- Rosenschale 59
- Modul-Würfel 62
- Wie geht es weiter? 64


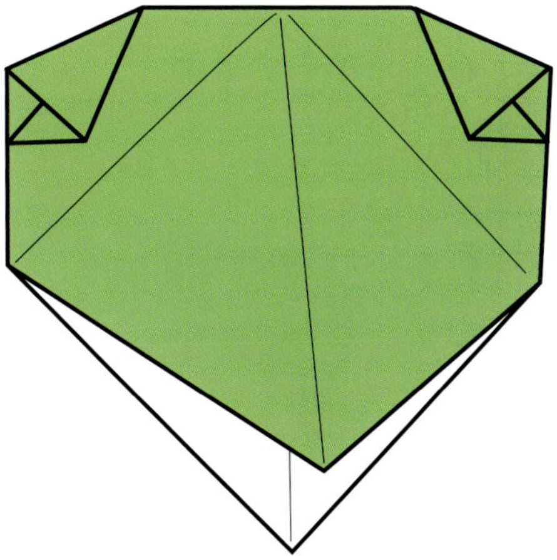

# Vorwort

Origami setzt sich aus den japanischen Wörtern *ori* „falten" und *kami* „Papier" zusammen. Unter Origami versteht man also die traditionelle Kunst des Papierfaltens. Ursprünglich umfasste sie nur eine kleine Zahl einfacher, stilisierter Formen. In den letzten 50 Jahren jedoch hat sie sich zu einer Kunstform entwickelt, die mit ihrer Formenvielfalt fasziniert.

## Die Geschichte des Origami

Origami hat seinen Ursprung im China des ersten Jahrhundert nach Christus. Man nimmt an, dass in jener Zeit das Papier, wie wir es heute kennen, erfunden wurde. Im 6. Jahrhundert hatte sich dieses bereits bis nach Japan verbreitet, wo es als seltene Kostbarkeit geschätzt wurde. Die Japaner bezogen es bald in ihre religiösen Rituale ein – und dort wird es auch heute noch verwendet. Im Laufe der Zeit entwickelte sich die Technologie weiter, Papier wurde zunehmend erschwinglicher, und so begann sich Origami in der gesamten japanischen Bevölkerung zu verbreiten.

Das älteste im Druck erschienene Lehrbuch trägt den Titel *Senbazuru Orikata* „Wie man tausend Kraniche faltet". Es stammt aus dem Jahr 1797 und demonstriert, wie man einen großen Papierbogen so zuschneidet, dass man daraus 1000 zusammenhängende Kraniche falten kann. Die erste Sammlung von Origami-Faltanleitungen erschien 1845 unter dem Titel *Kan no mado* „Das Fenster zum Mittwinter". Es enthielt eine ganze Reihe von Figuren, darunter Libellen und Krabben.

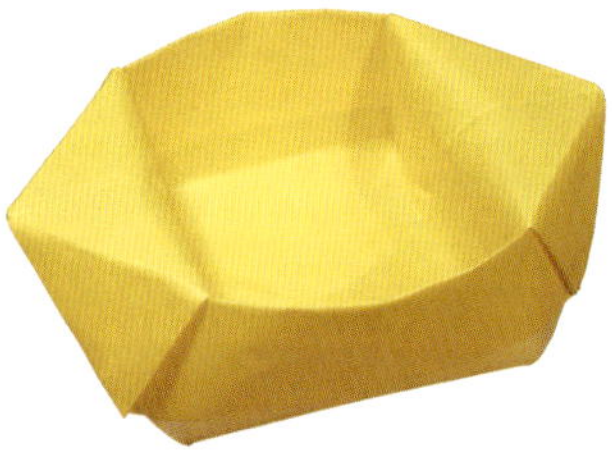

Man nimmt an, dass die Origami-Technik im 8. Jahrhundert nach Europa gelangte, als die afrikanischen Mauren Spanien eroberten. Dort entwickelte sich eine Tradition, die bis heute fortdauert. Einer ihrer namhaftesten Anhänger war der Philosoph Miguel de Unamuno (1864–1936).

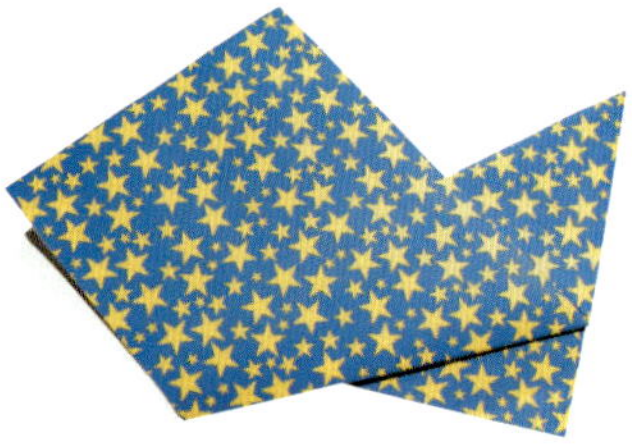

Als Friedrich Fröbel (1782–1852) im deutschen Bad Blankenburg seine damals revolutionären Ideen zur Kindererziehung entwickelte, zu denen auch der Kindergarten zählte, gehörte zum Unterrichtsstoff – neben anderen praktischen Anwendungen der Geometrie – auch das Falten von Papier. Anfang des 20. Jahrhunderts kamen auch die Briten mit Origami in Berührung, als der Entfesselungskünstler Houdini einige einfache Figuren in seine Vorstellungen einbaute.

1936 veröffentlichte Margaret Campbell das Buch *Paper Toy Making* „Papierspielzeug falten", in dem erstmals Grundfiguren vorgestellt wurden. Es handelte sich dabei um Ausgangslagen, aus denen bekannte Modelle wie Vogel oder Fisch gefaltet werden konnten. Heutzutage wird kein derart großes Gewicht mehr auf Grundmodelle gelegt, aber seinerzeit war dies eine revolutionäre Entdeckung.

In den 1950er-Jahren begannen einige Enthusiasten, allen voran der Zauberkünstler Robert Harbin und die Amerikanerin Lillian Oppenheimer, Kontakt zu anderen Kennern der Papierfaltkunst aufzunehmen – darunter vor allem mit dem japanischen Meister Akira Yoshizawa, einem der größten Origami-Künstler unserer Zeit.

***Schüler eines Origami-Kurses***

***Der längste Origami-Zug der Welt steht im Eisenbahn-Museum im englischen York.***

In Amerika entwickelten vor allem Fred Rohm und Samuel Randlett neue Techniken und Grundformen, und bald entstanden Symbole, die weltweit in Faltanleitungen verwendet wurden.

Da diese Symbole die gesprochene und geschriebene Sprache weit gehend überflüssig machten, konnte sich Origami auf der ganzen Welt verbreiten. Das Internet gewährt zudem Zugang zu einer beeindruckenden Fülle von Informationen zu allen Aspekten der Origami-Kunst. Überall auf der Welt gibt es Origami-Gesellschaften, viele davon treten mit einer eigenen Website an die Öffentlichkeit.

# Das Papier

Es gibt keine festen Regeln dafür, welches Papier man für Origami verwendet – probieren Sie einfach alles aus, was Ihnen in die Hände fällt. Sie werden bald feststellen, welches Papier für Ihre Zwecke besonders gut geeignet ist. Manche Papiersorten sind zu spröde und brüchig, andere sind zu steif, um daraus komplexe Figuren zu falten. Für Ihre ersten Versuche jedoch sollten Sie sich über die Papiersorte keine Gedanken machen. Es geht zunächst einmal darum, die Anleitungen zu verstehen und Ihre Finger an die erforderlichen Bewegungsabläufe zu gewöhnen. Erst wenn Sie das gemeistert haben, ist der Zeitpunkt gekommen, das passende Papier für die fertige Figur auszuwählen.

***Der Künstler Paul Hanson trägt den schwarzen Origami-Gürtel.***

Denken Sie neben der Papierqualität auch an die Farbe. Traditionelles Origami-Papier hat eine farbige und eine weiße Seite. Das Format ist ein perfektes Quadrat. Zum Üben ist es ideal, denn es lässt sich leicht falten und ist in leuchtenden Farben erhältlich. Allerdings hat es wenig Struktur. Experimentieren Sie daher ruhig mit anderen Papiersorten, z. B. Packpapier, Aquarellkarton, Canson-Künstlerkarton, Tapete – einfach mit allem, was Ihnen zur Verfügung steht. Im Fachhandel findet man zwei Origami-Spezialpapiersorten, Chiyogami und Washi. Manche „Falter“ stellen ihr Papier selbst her, indem sie etwa eine Schicht irisierender Folie mit Sprühkleber auf Seidenpapier aufbringen. Dieses Papier eignet sich wunderbar zum Falten von Insekten. Allerdings ist es bei diesem Folienpapier äußerst schwierig, eine Falte zu öffnen und in der Gegenrichtung zu falten.

Papier wird nicht immer im benötigten Format angeboten. Daher kann es vorkommen, daß Sie große Bögen auf die gewünschte Größe zurechtschneiden müssen. Verwenden Sie dazu einen Cutter, ein Stahllineal und eine Schneidematte. Wenn es Ihnen mit der Origami-Kunst ernst ist, sollten Sie sich einen Rollenschneider anschaffen – die kleineren Modelle sind durchaus erschwinglich. Zum Aufbewahren des zugeschnittenen Papiers empfiehlt sich ein Kasten mit flachen Schubladen oder ein Ablagekorb. Lagern Sie das Papier unbedingt in Plastikhüllen, denn Papier kann die Feuchtigkeit der Umgebung aufnehmen und dadurch für Origami unbrauchbar werden.

# Falttechniken

Origami ist keine Zauberei, man braucht nur ein wenig Zeit, Geduld und vor allem Übung. Bevor Sie mit Ihrer ersten Figur beginnen, sollten Sie sich zunächst mit den Faltanleitungen vertraut machen. Das ist nicht immer ganz leicht. Wahrscheinlich werden Sie anfangs viele unnötige Falten anbringen, wodurch das Papier seine Form verliert und unansehnlich wird. Machen Sie sich nichts daraus, das Ergebnis wird mit jedem Mal besser aussehen. Nachdem Sie eine Figur mehrmals geübt haben, wird sie Ihnen so geläufig sein, dass Sie sich nun auf die Details konzentrieren können: akkurate Spitzen, kein Hervorblitzen von weißem Papier usw. Viele Leute erwarten, dass schon der erste Versuch gelingt, und geben eine begonnene Figur halbfertig auf. Doch das Ergebnis hängt nun einmal davon ab, wie gut Sie die Symbole verstehen, ob Sie sich vorher die Anleitung genau angeschaut haben – und ob Sie vielleicht zu früh mit einer komplexen Figur begonnen haben, statt das Buch von Anfang an durchzuarbeiten.

## Symbole

Für Origami-Faltanleitungen werden viele Symbole verwendet, die von Akira Yoshizawa erdacht und von Samuel Randlett weiterentwickelt wurden. Gelegentlich gibt es Abweichungen, doch wer die Symbole kennt, kann mit den Anleitungen sogar dann Modelle nacharbeiten, wenn er die Sprache des Anleitungstextes nicht kennt. Neben der üblichen Nomenklatur werden manchmal auch einige Sondersymbole verwendet. Sie alle sollen verdeutlichen, was genau mit dem Papier zu tun ist.

**Papier drehen**

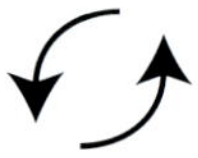

**vergrößerter Maßstab**

**Papier wenden**

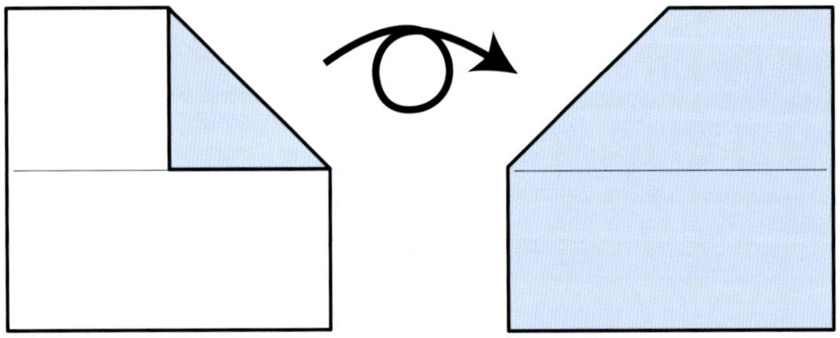

## Versenken

Hier wird ein Teil des Papierbogens wie eine Tüte geöffnet und in Pfeilrichtung nach innen gedrückt und „versenkt".

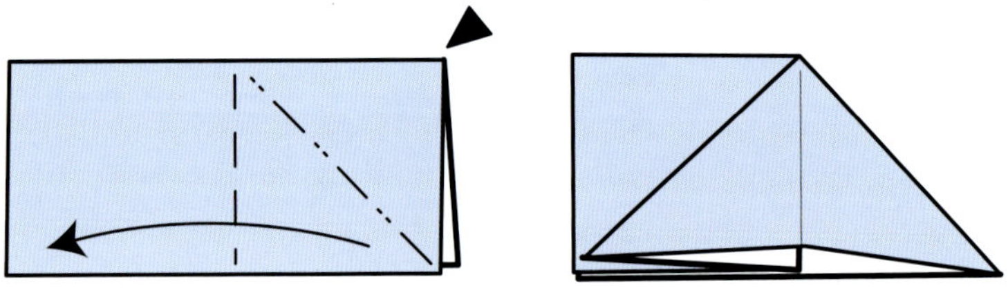

## Talfalte (gestrichelte Linie)

Diese Falte kennt jeder, der einmal ein Blatt Papier auf die Hälfte gefaltet hat. Achten Sie darauf, dass die Kanten akkurat aufeinander liegen. Verschieben Sie die Lagen so lange, bis sie sich in der richtigen Position befinden. Halten Sie diese dann mit einer Hand fest und streichen Sie mit dem Finger der anderen Hand von der Mitte der Kante aus zu sich hin. Wenn der Finger die Kantenmitte erreicht hat, streichen Sie mit ihm erst in der einen, dann der anderen Richtung der Falte entlang. Anschließend können Sie die Falte glatt streichen.

**in Pfeilrichtung talfalten**

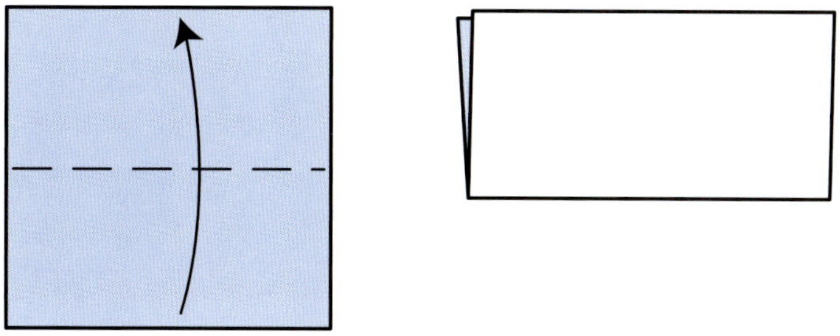

**talfalten und wieder entfalten**

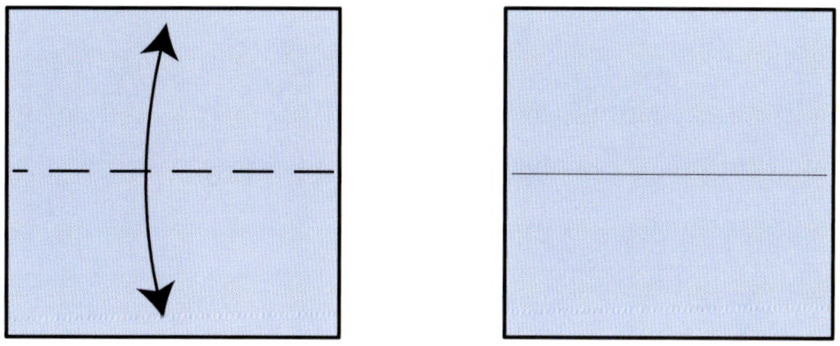

## Bergfalte (Strich mit zwei Punkten)

Dies ist eine umgekehrte Talfalte – eine Hälfte des Papiers wird dabei nach hinten umgeschlagen. Es ist meist einfacher, das Papier zu wenden, eine Talfalte auszuführen und dann das Papier so zu legen, dass es der Abbildung entspricht.

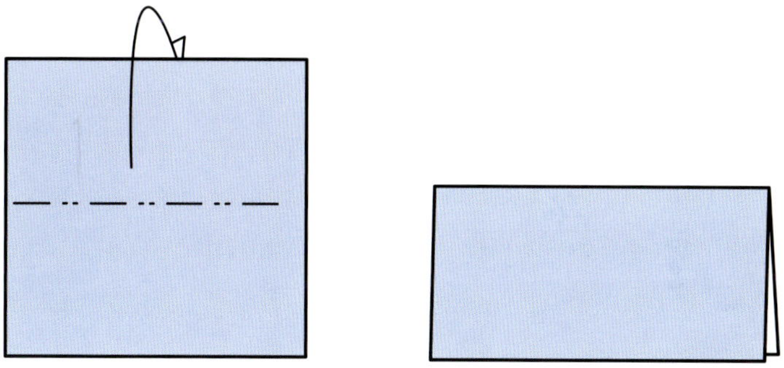

## Wiederholen

Wird der Pfeil von einem Strich gekreuzt, muss man den Arbeitsschritt wiederholen. Die Anzahl der Striche steht für die Anzahl der Wiederholungen. Die abgebildete Falte wurde einmal auf der gegenüberliegenden Ecke wiederholt.

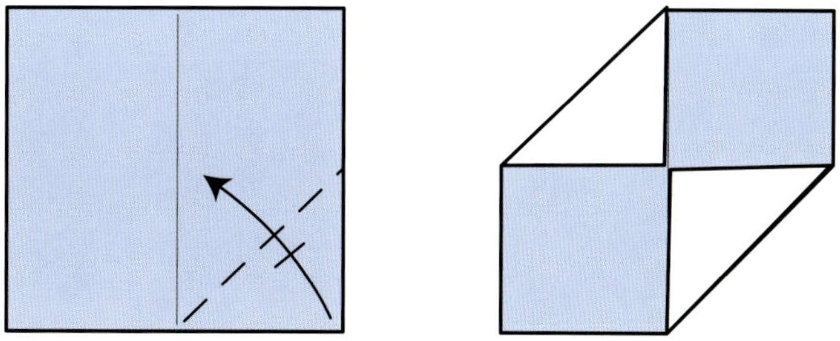

# Techniken und Grundformen

Beim Anblick der atemberaubenden Figuren fortgeschrittener Origami-Künstler kann man als Anfänger leicht den Mut verlieren und denken: „Das schaffe ich nie!“ Doch jedes große Kunstwerk besteht aus einer Reihe von kleinen Grundschritten, die immer neu variiert werden. Gewiss können Sie Origami-Anleitungen rein mechanisch Schritt für Schritt nacharbeiten. Doch es macht viel mehr Spaß, wenn Sie das Prinzip der Anweisungen verstehen – denn dann erkennen Sie, dass selbst die kompliziertesten Figuren auf einer Reihe von Bewegungsabläufen beruhen, die Sie schon aus dem Kindergarten kennen.

Auch um eigene Origami-Kreationen zu entwickeln, ist es wichtig, sich eine solide Grundtechnik anzueignen. Wirklich originelle Origami-Kunstwerke sind nämlich sehr selten. Die meisten beruhen entweder auf einer traditionellen Grundfigur oder sind Abwandlungen eines bekannten Modells. Wer etwas ganz Eigenes schaffen möchte, muss sich in jeder Arbeitsphase der bestehenden Möglichkeiten bewusst sein. Wollen Sie einen Vogel falten, müssen Sie wissen, wie man einen Schnabel macht. Elefanten brauchen große Ohren und einen Rüssel. Wer die Grundprinzipien versteht, kann bei der Entwicklung neuer Modelle stets das volle Potential des Papiers ausschöpfen.

Aus diesem Grund empfehlen wir Ihnen, sich mit der Einführung in die Arbeitstechniken und Grundfiguren sehr gut vertraut zu machen. Spielen Sie mit dem Papier, und falten Sie es hin und her, bis Ihnen die Technik in die Finger übergeht. Halten Sie dabei die Augen für Alternativen offen – kehren Sie einen Faltvorgang um, oder verändern Sie Winkel und Proportionen. Jede der hier vorgestellten Grundfiguren lässt sich auf verschiedene Weise erarbeiten: Falten Sie eine gelungene Figur wieder auseinander, und überlegen Sie sich eine andere Lösung. Fordern Sie sich selbst heraus. Wenn die Falten nicht ganz akkurat sind, versuchen Sie es einfach noch einmal. Wenn Sie diese relativ einfachen Grundfiguren nicht sicher beherrschen, werden Sie bei den komplexeren Figuren zu kämpfen haben. Aber vergessen Sie über aller Technik nicht den Spaß.

## Verstecktes Kreuz

An dieser einfachen Figur kann man wunderbar das akkurate Falten üben! Machen Sie davon zwei Exemplare, und legen Sie diese so zusammen, dass sich ein weißes Kreuz bildet. Diese Grundfigur eignet sich gut für einen Musterrapport.

**1** Ein Quadrat (farbige Seite oben) zweimal diagonal talfalten und wieder entfalten.

**2** Durch den Mittelpunkt vertikal und horizontal talfalten, dann wieder entfalten.

**3** Die nächste Falte ebenfalls quer durch den Mittelpunkt falten, die Mitte der Unterkante liegt dabei links oben auf der Diagonalen. Auf der Zeichnung sieht man, wie asymmetrisch Punkt auf Punkt gefaltet wird. Die Falte erst dann glatt streichen, wenn das Papier exakt ausgerichtet ist!

**4** Das überstehende obere Dreieck entlang der oberen Kante nach innen falten.

**5** Das am linken Rand überstehende Dreieck ebenfalls nach innen falten.

**6** Fertig. Für ein komplettes Kreuz braucht man zwei dieser Figuren.

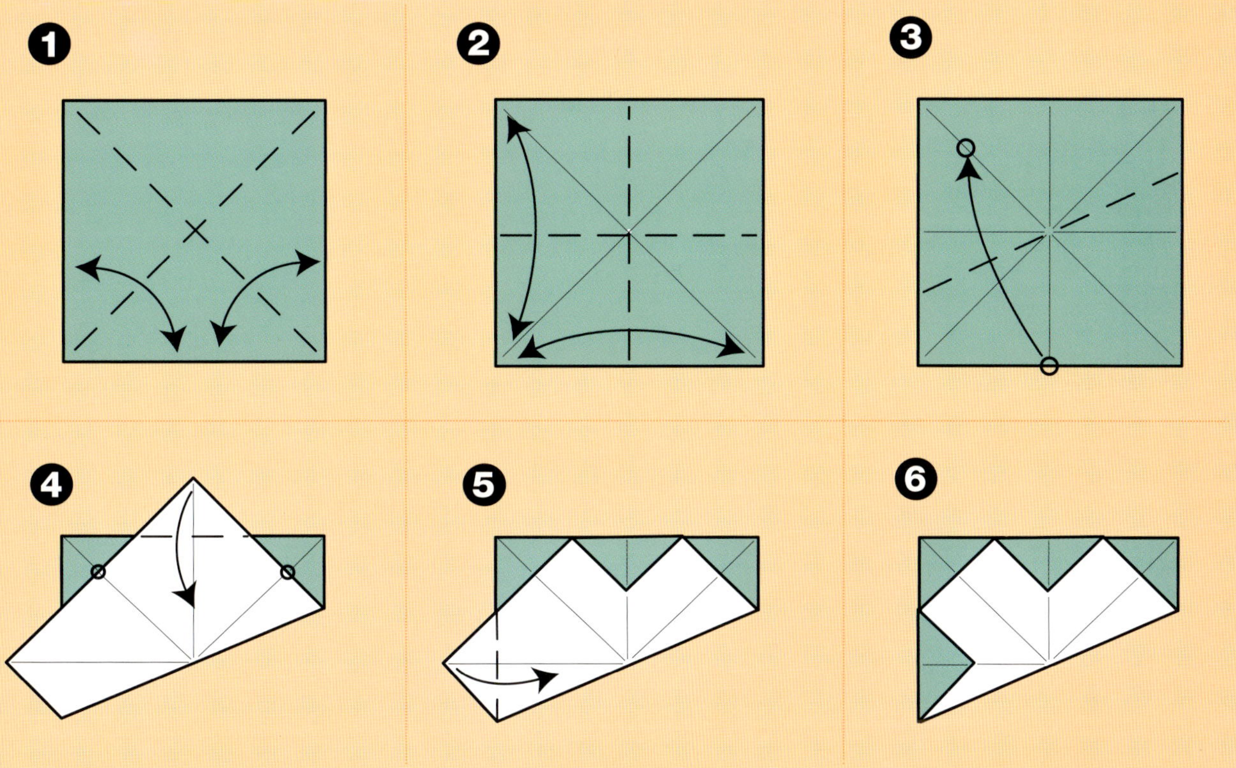

## Gegenbruchfalte nach außen

Dieser Arbeitsgang kommt in den meisten Origami-Figuren vor. Üben Sie ihn gut, und experimentieren Sie mit seinen verschiedenen Anwendungsmöglichkeiten.

**1** Eine spitz zulaufende Falte in einem beliebigen Winkel nach unten talfalten.
**2** Die Falte glatt streichen und wieder entfalten.
**3** Den Bogen ganz entfalten. Die Spitze des Papiers entlang der gestrichelten Linien nach außen stülpen, wobei sich bei der einen Hälfte die Faltrichtung ändert.
**4** Die entstandene Gegenbruchfalte nach außen falten.

❶

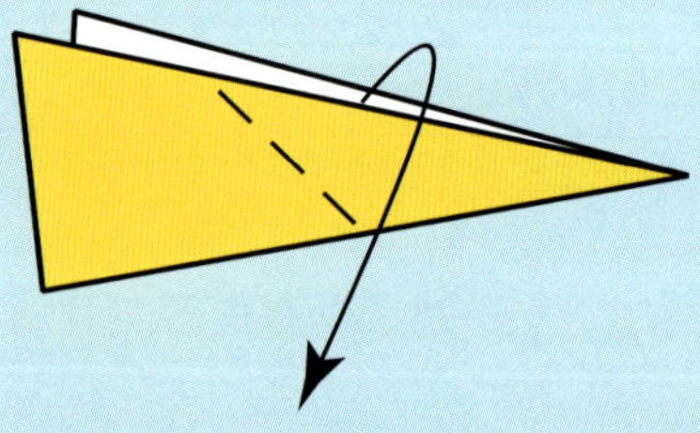

❷

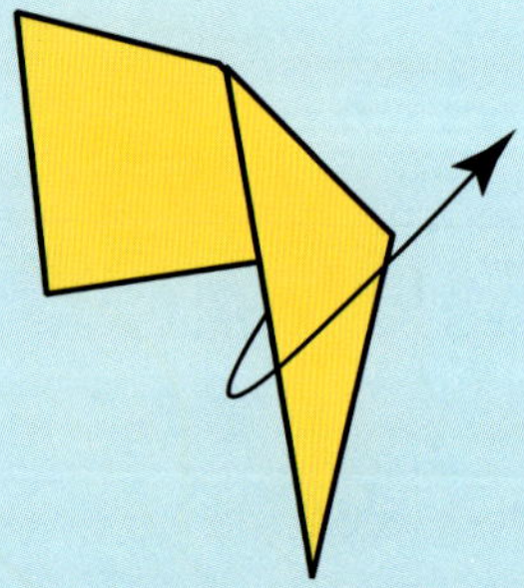

❸

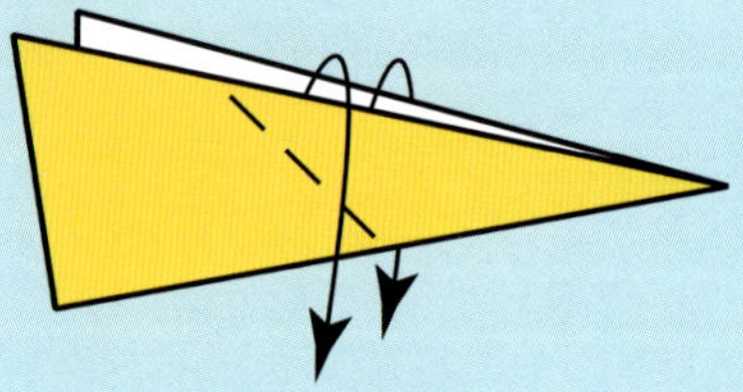

❹

## Gegenbruchfalte nach innen

Hier wird ein Teil des Papiers nach innen versenkt. Vergleichen Sie es mit dem Gegenbruch nach außen. Für Vogelschnäbel verwendet man z. B. eine Kombination aus beiden Arbeitsschritten.

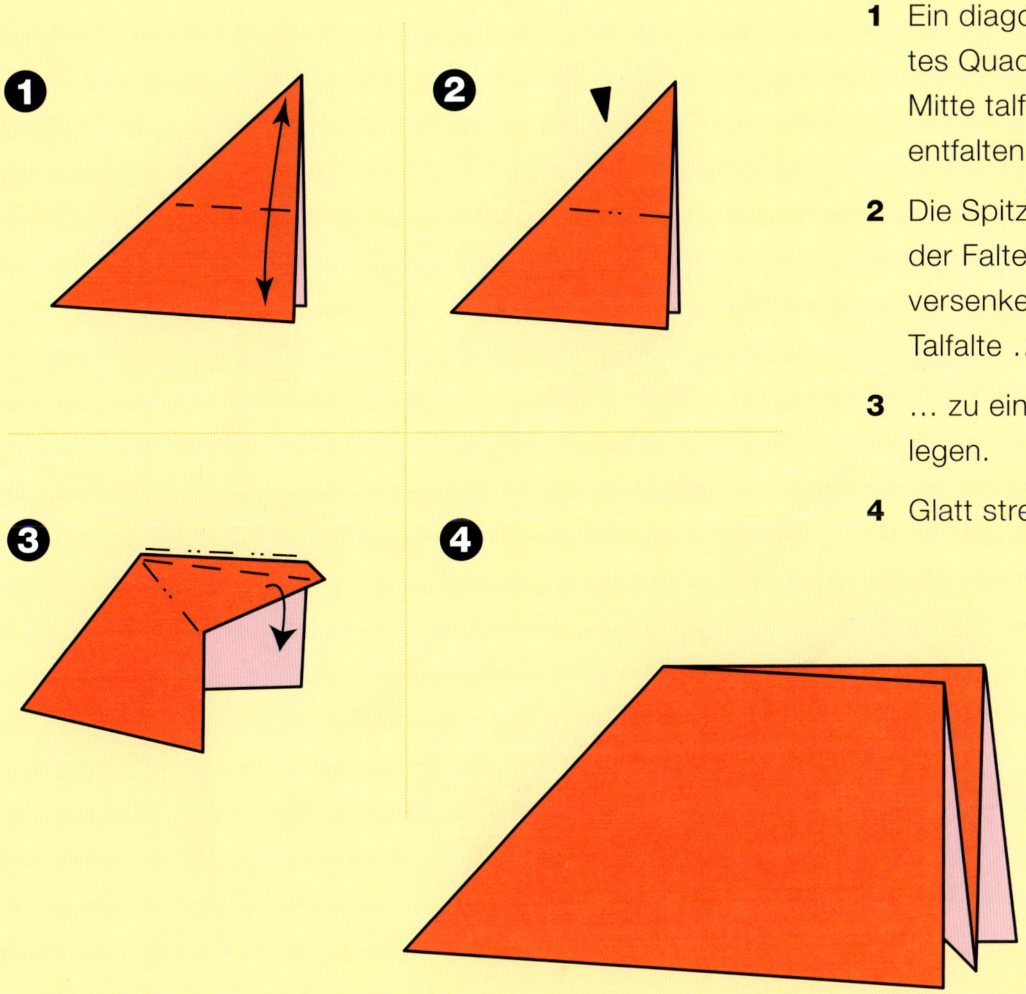


**1** Ein diagonal gefaltetes Quadrat in der Mitte talfalten und entfalten.

**2** Die Spitze entlang der Falte nach innen versenken, dabei die Talfalte …

**3** … zu einer Bergfalte legen.

**4** Glatt streichen.

## Hasenohr

Hier wird eine farbige Spitze von einer weißen Ecke abgesetzt. Diese Technik verwendet man für Arme, Ohren und viele andere Details. Ausgangsbasis ist ein Quadrat mit zwei diagonalen Mittelbruchfalten.

**1** Untere Spitze zur horizontalen Diagonalen hin ein Stück talfalten und entfalten.

**2** Den Vorgang spiegelbildlich wiederholen.

**3** Beide Falten nach innen legen, sodass sich mittig eine vertikale Falte bildet.

**4** Die so gebildete Spitze zu einer Seite legen und glatt streichen.

**5** Das fertige Hasenohr.

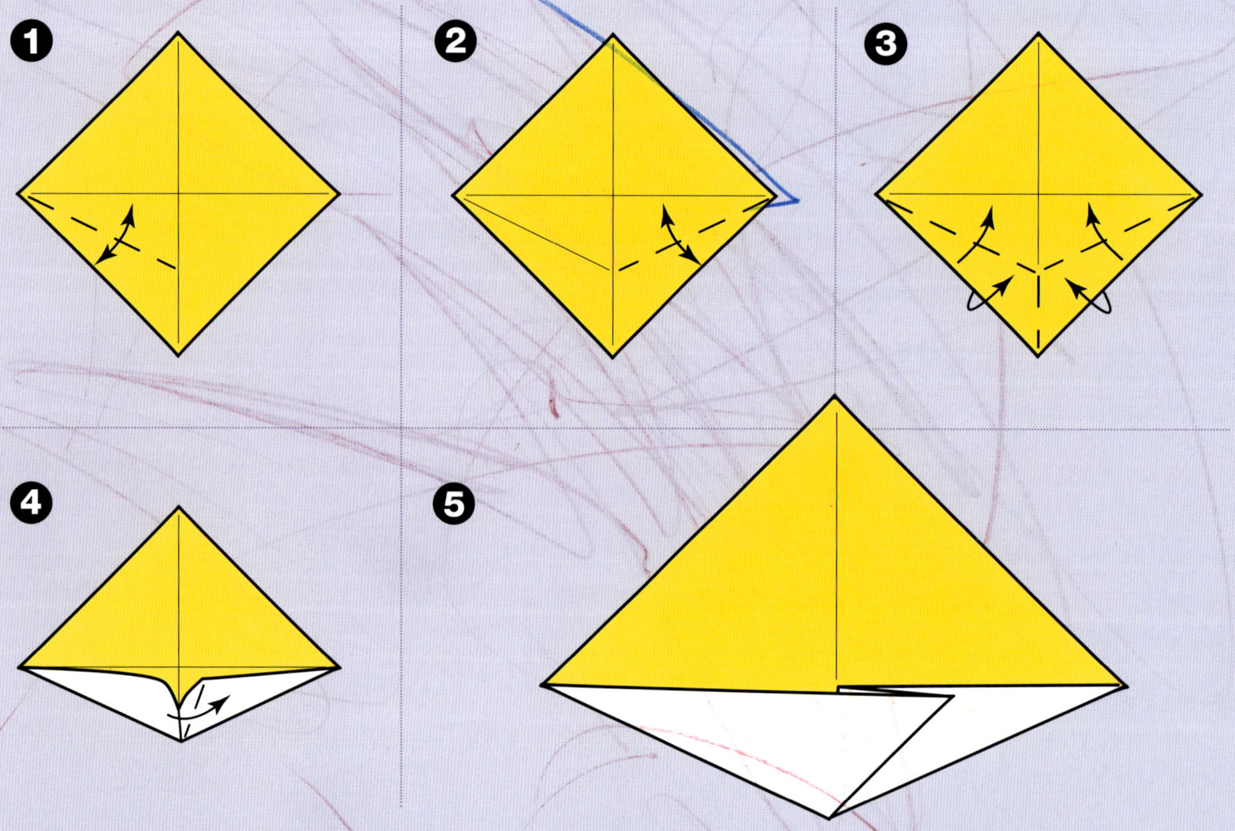

## Drachenform

Diese Figur ist zwar einfach, aber sie bildet die Basis für viele verschiedene Origami-Modelle.

**1** Ein Quadrat (farbige Seite unten) diagonal talfalten und entfalten.

**2** Die rechte Spitze bis zur Diagonalen legen und falten.

**3** Den Vorgang spiegelbildlich wiederholen.

**4** Die fertige Drachenform.

1

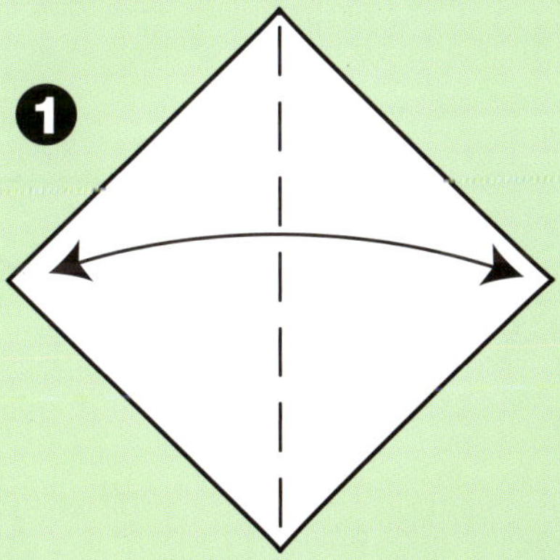

2

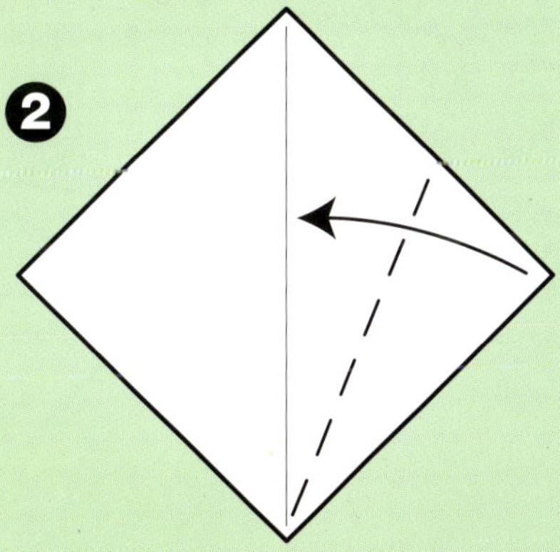

3

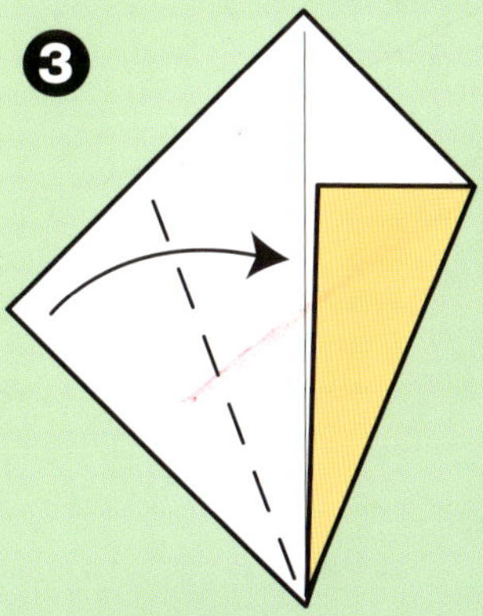

4

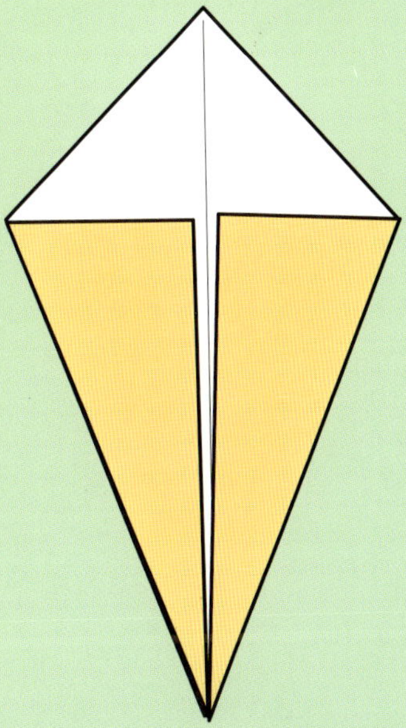

## Zusammengeschobenes Quadrat

Das Papier wird hier zunächst wie ein Stern vorgefaltet. Die Faltrichtungen der Diagonal- und der Querfalten verlaufen umgekehrt zueinander, die Talfalten verlaufen z. B. diagonal, die Bergfalten quer.

**1** Ein Quadrat (farbige Seite oben) zweimal diagonal talfalten und entfalten.

**2** Papier wenden, horizontal und vertikal durch die Mitte talfalten, wieder entfalten.

**3** Obere Spitze nach vorn legen und die seitlichen Ecken nach innen schieben.

**4** Das fertige zusammengeschobene Quadrat.

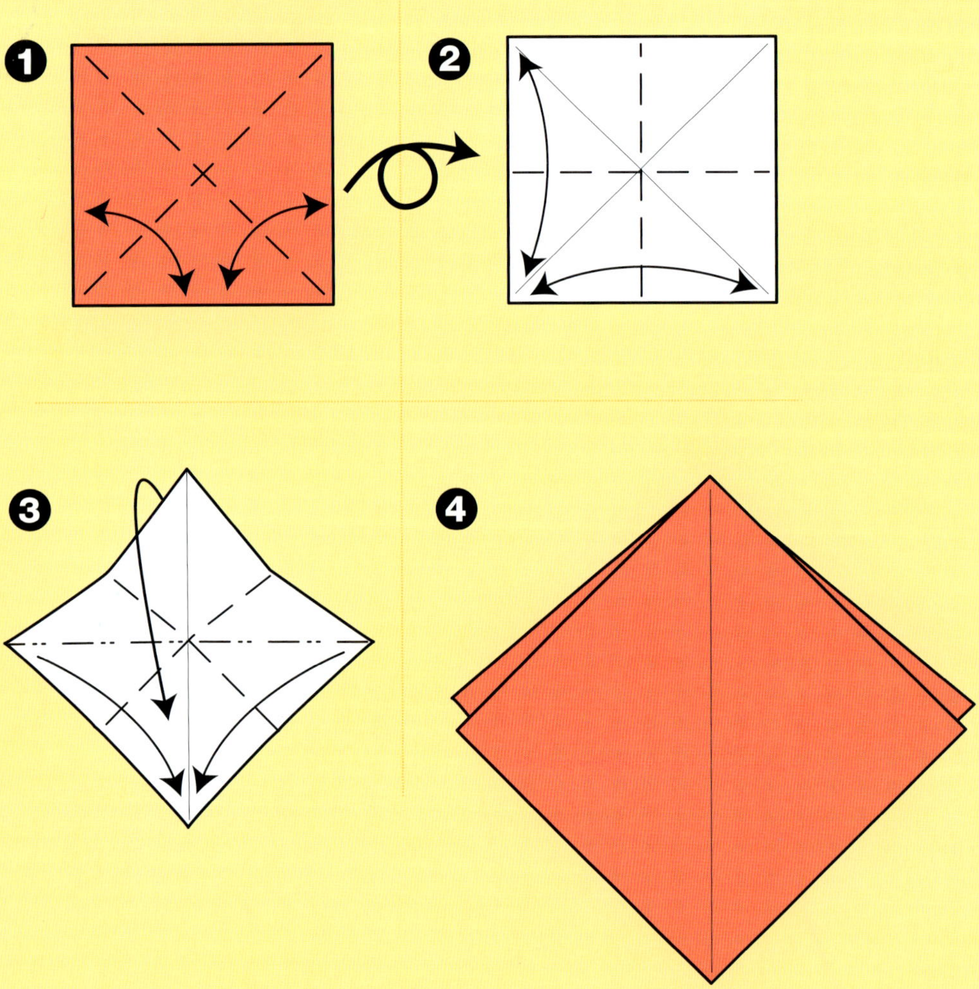

## Zusammengeschobenes Dreieck

Ausgangslage ist hier ebenfalls die Sternform, aber in umgekehrter Richtung gefaltet. Sie können die vorige Figur übrigens gut zu dieser hier umstülpen!

**1** Ein Quadrat (farbige Seite oben) horizontal und vertikal talfalten und entfalten.

**2** Das Papier wenden, zweimal diagonal talfalten und entfalten.

**3** Das Papier von rechts und links zusammenschieben und flach drücken.

**4** Das fertige zusammengeschobene Dreieck.

❶

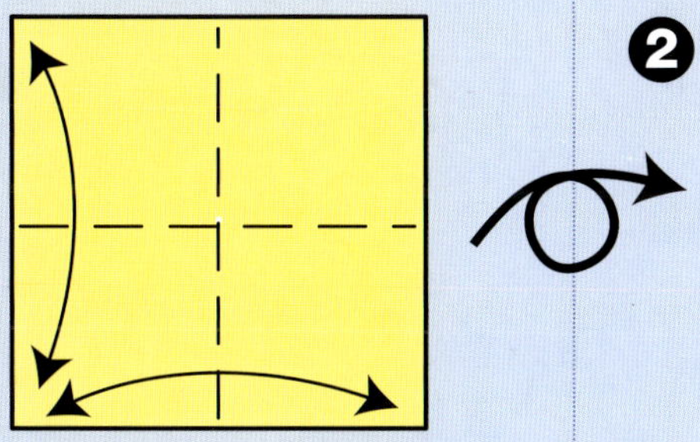

❷

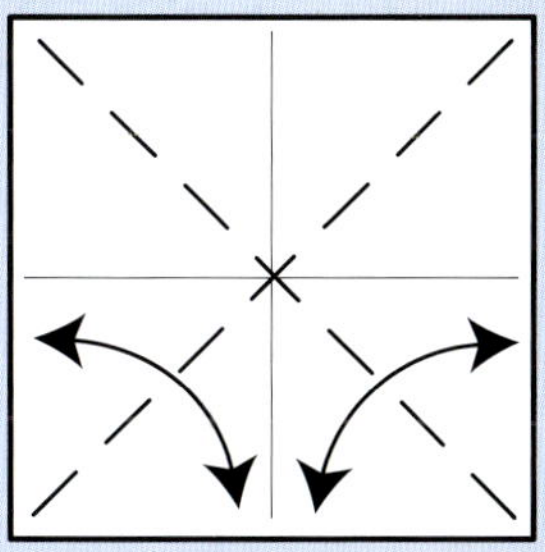

❸

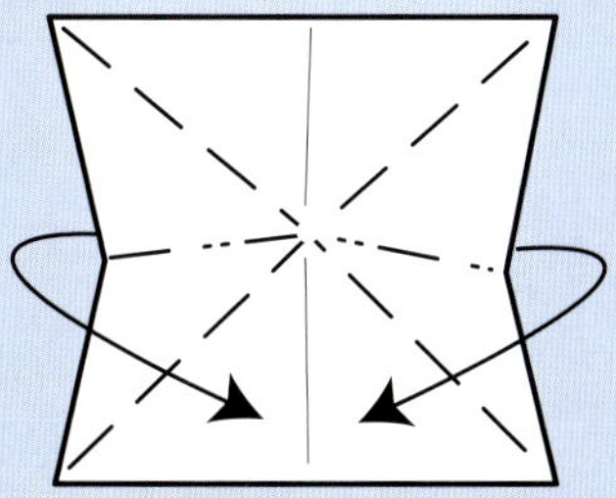

❹

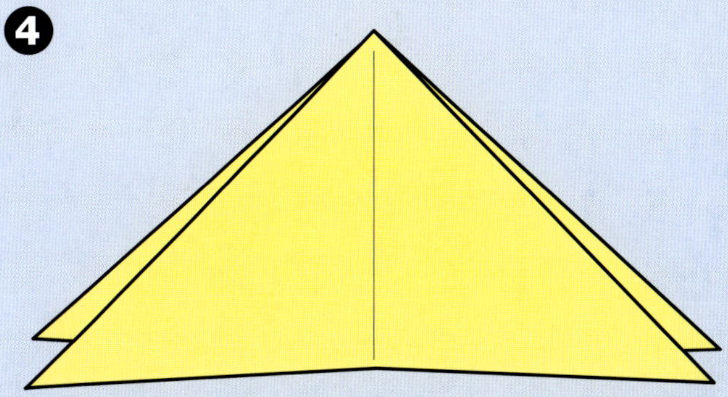

## Blintzform

Hier sind alle vier Ecken einwärts gefaltet. Dies ist auch die Ausgangsbasis für die Figuren namens „Pfeffer und Salz“ oder „Himmel und Hölle“, die Sie sicherlich aus Ihrer Kindheit kennen. Die Ecken einfach nur nach innen zu falten, ist leider viel zu ungenau. Halten Sie sich lieber an diese Anweisung.

**1** Ein Quadrat (farbige Seite oben) horizontal durch den Mittelpunkt talfalten.

**2** Untere 4 Ecken jeweils zum Mittelpunkt der oberen Kante falten.

**3** An der Mittelfalte die Figur wieder aufklappen.

**4** Die fertige Blintzform.

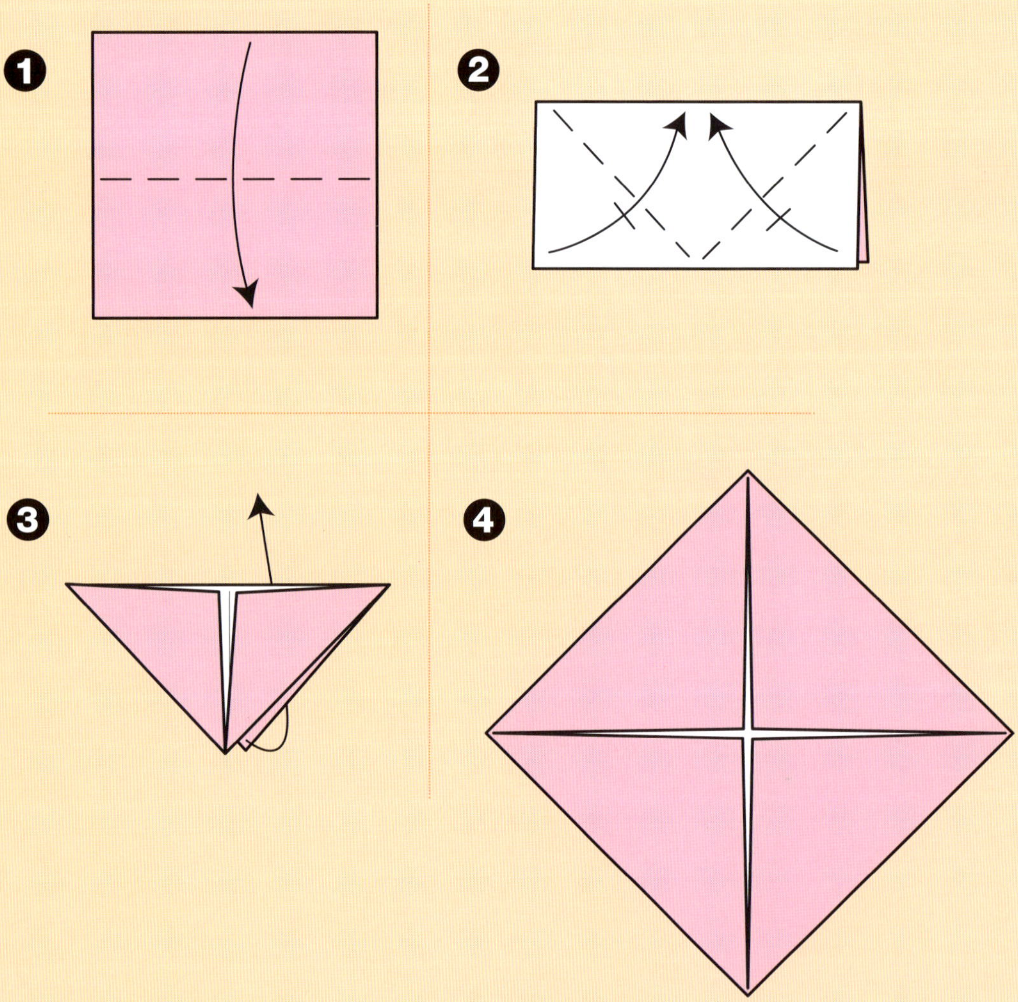

## Fischform

Noch eine einfache, aber vielseitige Grundfigur. Wenn Sie genau hinsehen, werden Sie feststellen, dass es sich hier um zwei Hasenohren handelt!

**1** Ein Quadrat (farbige Seite unten) zweimal diagonal falten und wieder entfalten.

**2** Seitlich gegenüberliegende Ecken zur Mittellinie talfalten.

**3** So entsteht zunächst die Drachenform.

**4** Figur wenden und die untere Spitze zur oberen Spitze talfalten, erneut wenden.

**5** Untere Taschen öffnen und vorsichtig zu einer langen Spitze auseinander ziehen.

**6** Die fertige Fischform.

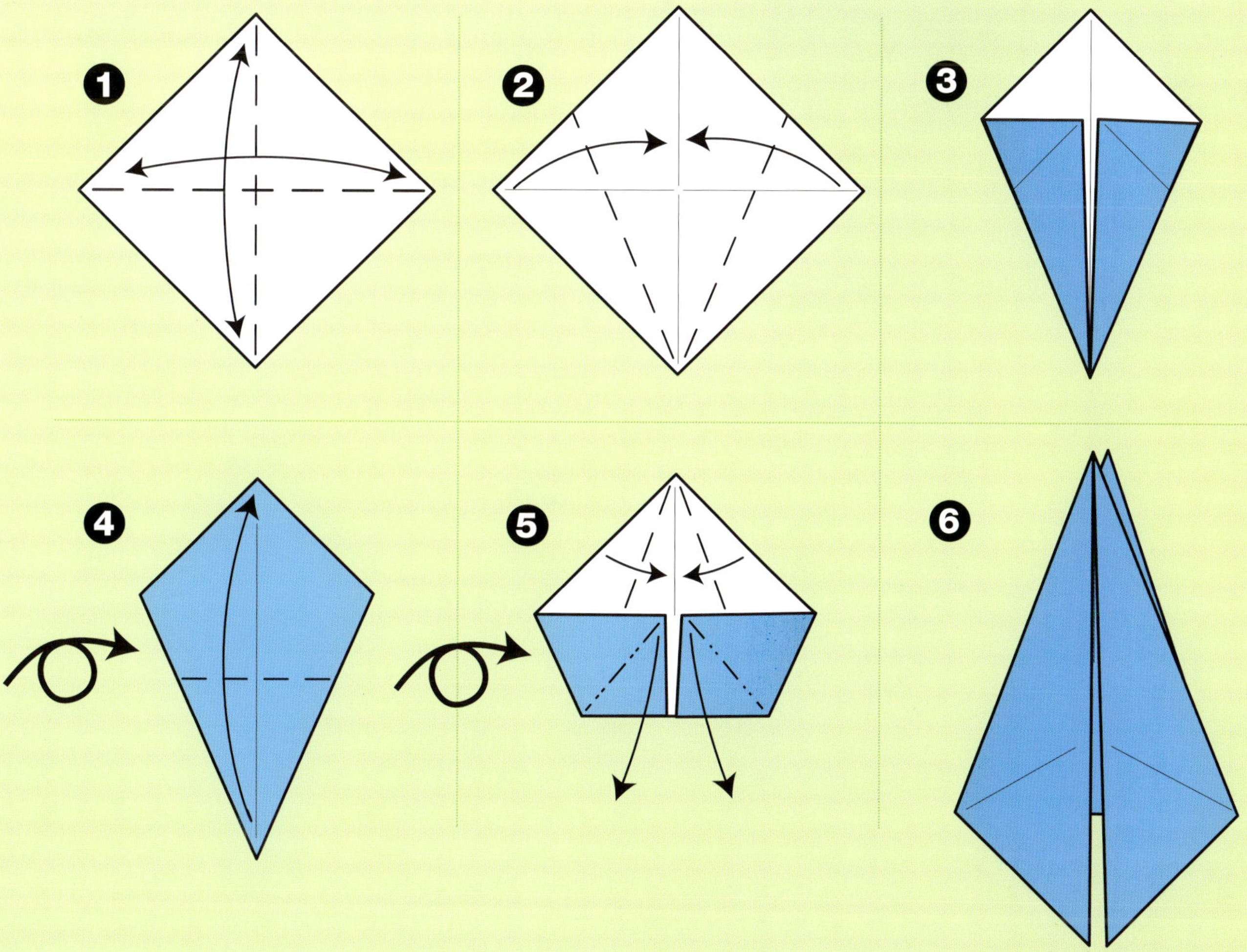

# Faltmodelle

Nun haben Sie sich mit der Falttechnik und den Grundfiguren vertraut gemacht, kennen die Bedeutung der Symbole und haben dabei wohl auch gemerkt, wie wichtig es ist, die Anleitungen vor jedem Arbeitsschritt genau durchzulesen und die Falten akkurat auszuführen. Schauen Sie sich jede Abbildung zuerst einmal genau an, damit Sie wissen, wie das Ergebnis aussehen soll! Die Reihenfolge der Figuren ist speziell auf Origami-Einsteiger abgestimmt. Es empfiehlt sich daher nicht, mit einem Modell weiter hinten im Buch zu beginnen – es sei denn, Sie sind schon ein erfahrener Falter. Obwohl vielseitig, gilt in Origami-Kreisen keine der hier vorgestellten Figuren als übermäßig komplex.

Es ist ratsam, jede Figur zuerst einige Male mit preiswertem Papier zu üben, bis Sie den Ablauf verstanden haben und Ihnen die Technik in die Finger übergegangen ist. Üben Sie so lange, bis Sie sich sicher fühlen. Dann nehmen Sie einen Bogen Ihres besten Papiers und konzentrieren sich darauf, ein perfektes Modell zu falten. Nehmen Sie sich für jede Falte ausgiebig Zeit, damit Sie ganz sicher sind, dass das Papier exakt liegt.

## Katzenkopf

Das Schöne an Origami ist, dass ein Gegenstand mit nur wenigen Falten treffsicher charakterisiert werden kann. Diese Figur, eine Abwandlung eines traditionellen Modells, erlaubt es dem Falter, mit verschiedenen Winkeln und Proportionen zu experimentieren und dadurch auch andere Tiere zu gestalten. Beginnen Sie mit einem Quadrat, die farbige Seite liegt unten.

**1** Ein Quadrat einmal diagonal durch den Mittelpunkt talfalten.

**2** Die beiden unteren Ecken zur Mitte falten, sodass die Spitzen aufeinander liegen.

**3** Die Spitzen nun schräg nach außen talfalten – so entstehen die Ohren. Man kann sich für diesen Schritt an der nächsten Abbildung orientieren.

**4** Die Spitze zwischen den Ohren nach oben talfalten.

**5** Figur wenden und die untere Spitze nach oben falten – dies ist die Schnauze.

**6** Fertig.

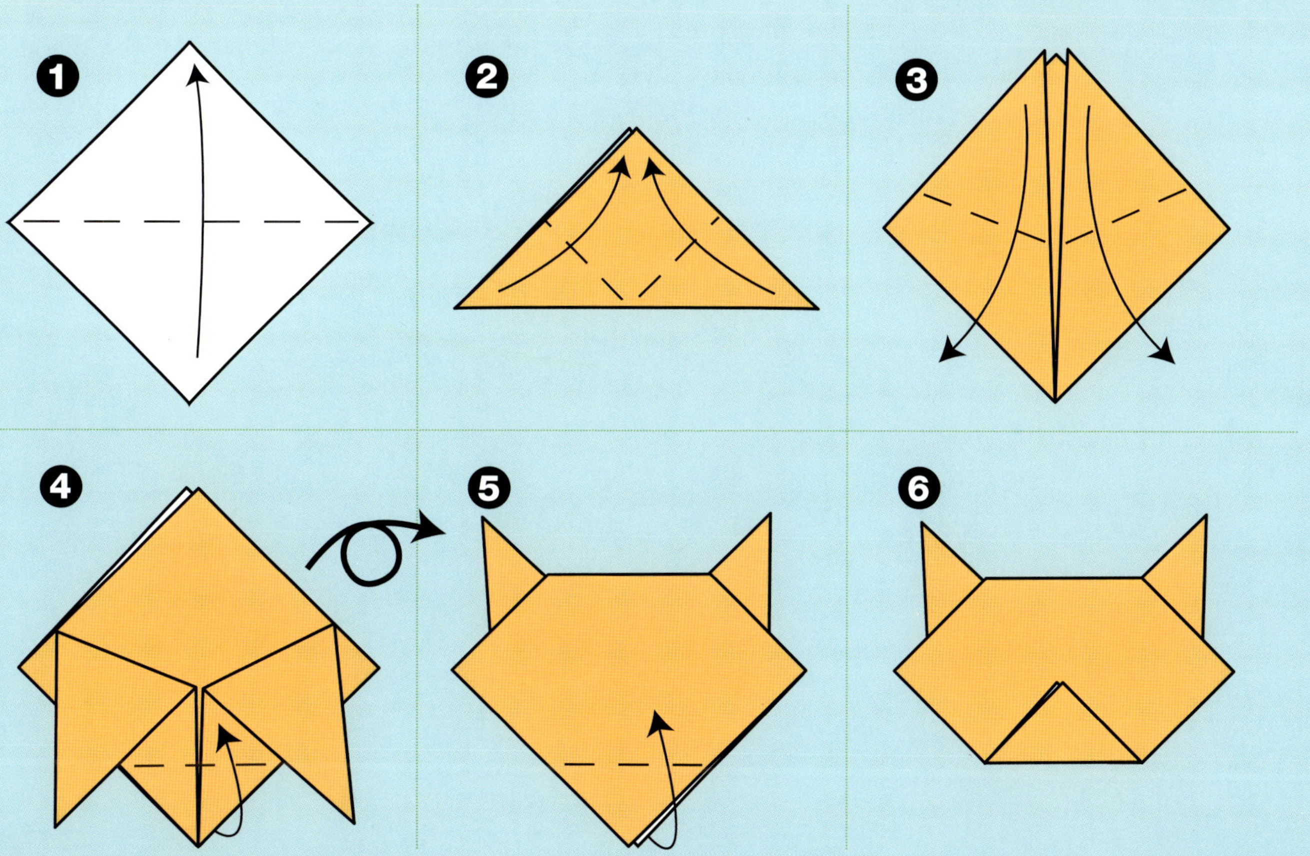

## Fledermaus

Die Kunst des Origami-Faltens liegt in der Schlichtheit. Das Wesentliche eines Objekts wird mit wenigen Falten erfasst – wie bei diesem Modell. Die Fledermaus hat zwar keine Füße, ist aber auf einen Blick zu erkennen. Nehmen Sie möglichst dunkelbraunes Papier mit gut sichtbarer Struktur. Wenn Sie möchten, können Sie den Flügeln weitere Falten hinzufügen.

**1** Ein Quadrat (farbige Seite unten) einmal diagonal talfalten.

**2** Das so entstandene Dreieck an der Mittellinie senkrecht falten und entfalten.

**3** Die untere Kante nach oben bis zur Markierung in der Abbildung talfalten.

**4** Die herauslugende Spitze so nach unten falten, dass sie noch etwas übersteht.

**5** Dann die Figur entlang der sichtbaren Mittellinie nach hinten umklappen.

**6** Beide Fledermausflügel jeweils schräg nach oben talfalten. Die Falte beginnt dabei neben dem Kopf und endet in der unteren rechten Ecke.

**7** Rechte untere Kante auf die linke untere Kante falten. Hinten wiederholen.

**8** Beide Flügelspitzen nach unten falten, die Falte verläuft dabei von Ecke zu Ecke.

**9** Die Federmausflügel leicht auseinander ziehen und halb entfalten. Fertig.

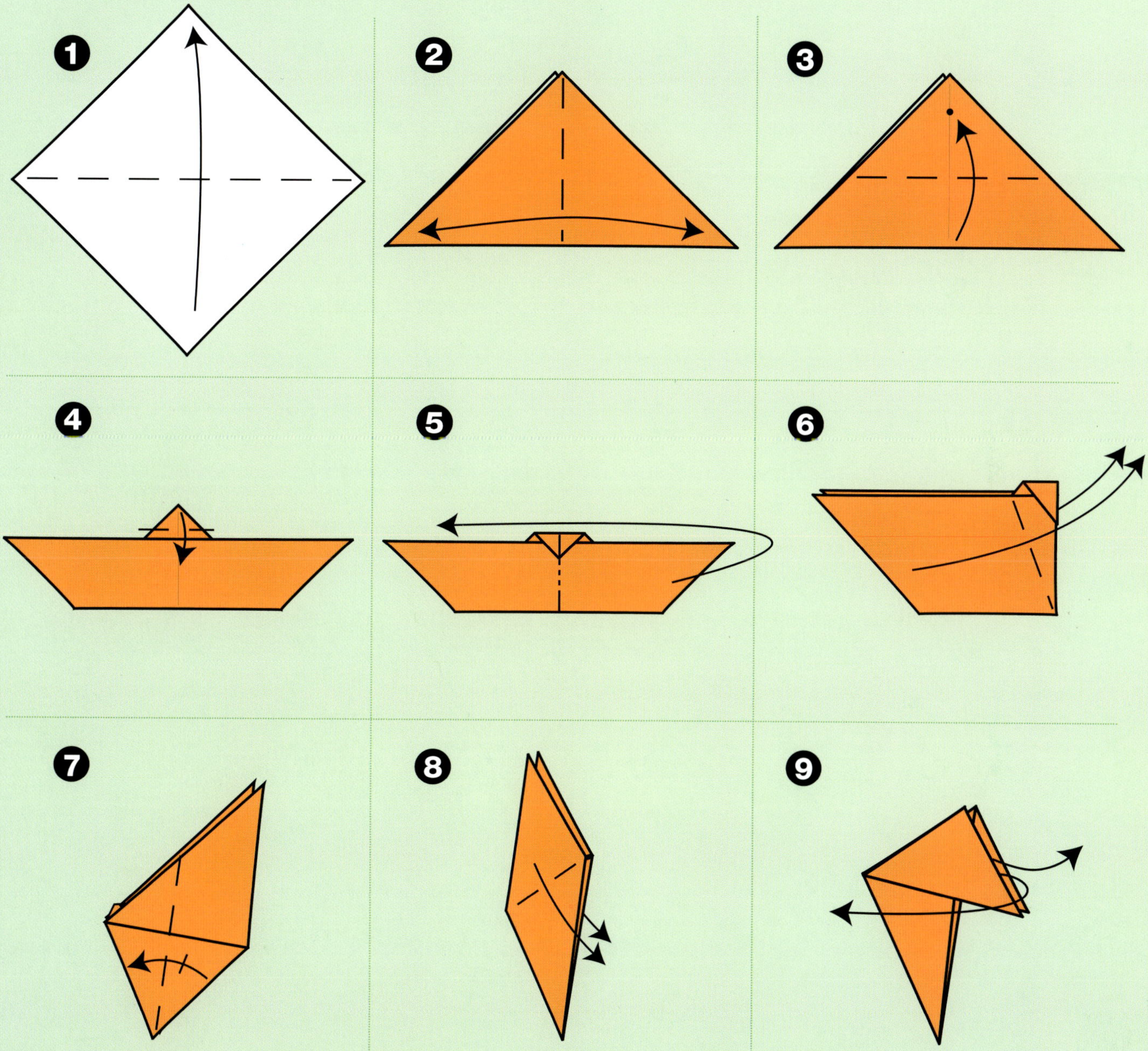
1
2
3
4
5
6
7
8
9

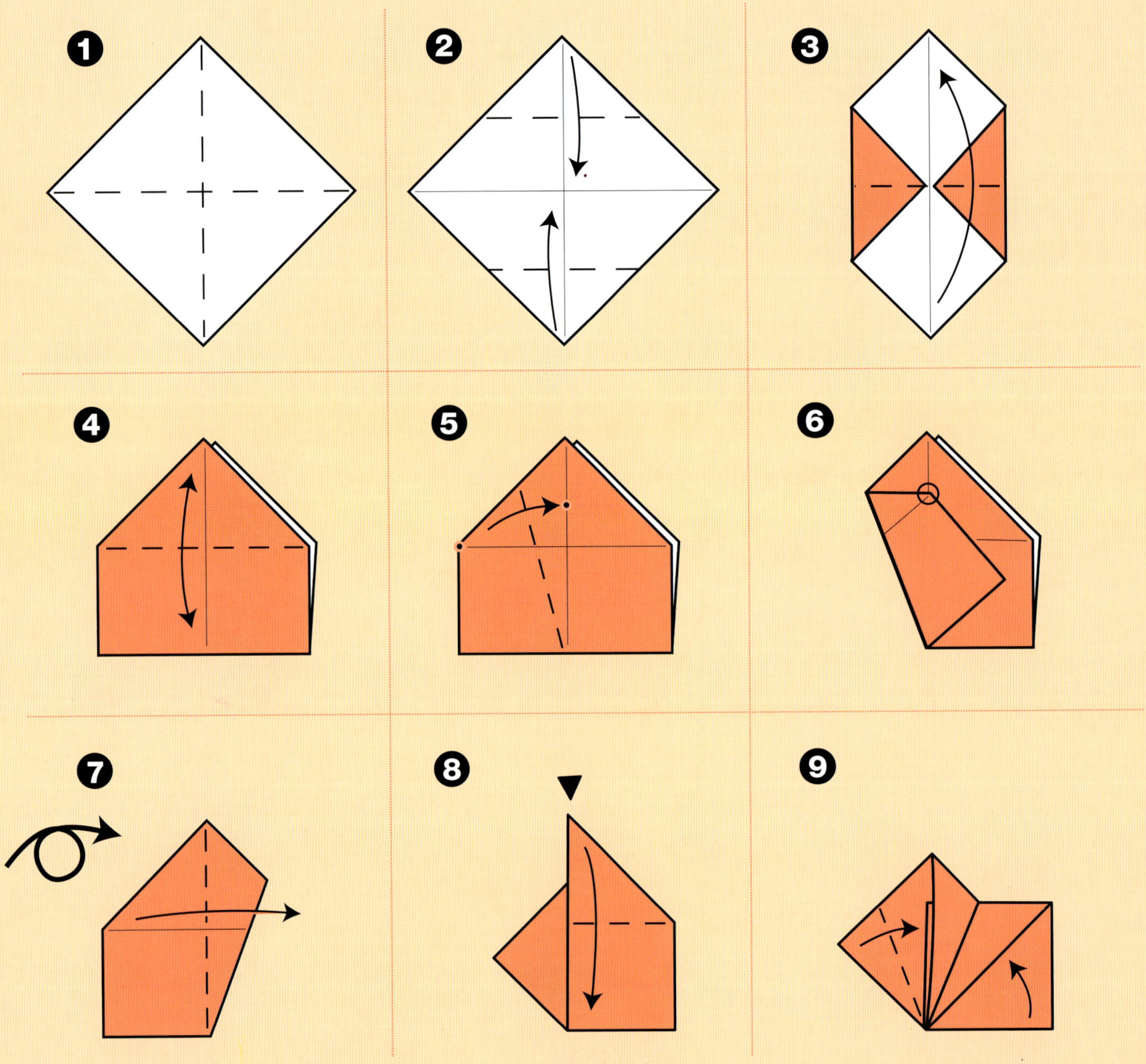
1
2
3
4
5
6
7
8
9

## Taschen-Herz

Diese Figur stammt von Francis Ow aus Singapur, der insgesamt über 100 originelle Origami-Herzen erdacht hat. Der Arbeitsschritt in Abbildung 8 ist sehr ungewöhnlich und elegant – schauen Sie sich genau an, was dabei passiert. Sie können sich das fertige Herz als Glücksbringer in die Tasche stecken. Beginnen Sie mit einem Quadrat, die rote Seite liegt unten.

**1** Ein Quadrat zweimal diagonal durch den Mittelpunkt talfalten und entfalten.

**2** Zwei gegenüberliegende Ecken zur Mitte hin falten.

**3** Die Figur drehen und entlang der horizontalen Mittellinie zusammenfalten.

**4** Die obere Spitze (beide Papierlagen) nach unten talfalten und wieder entfalten.

**5** Vom Mittelpunkt der Unterkante ausgehend eine schräge Falte legen, und zwar so, dass die linke Ecke innen auf der Mittelbruchfalte aufliegt.

**6** So sieht das Ergebnis dann aus. Nun die Figur wenden.

**7** Den linken Teil der Figur entlang der Mittelfalte nach rechts hinüberklappen.

**8** Obere Spitze herunterziehen, dabei die untere Papierlage nach oben ziehen.

**9** Die beiden äußeren Kanten zu den Innenkanten hin falten.

**10** Die oberen Spitzen leicht nach innen talfalten, um die Form abzurunden.

Wenden – und fertig ist das Taschen-Herz.

10

## Papiergefäß

Dieses Design stammt von der Amerikanerin Andrea Crain: „Auf einer Konferenz in Seattle hörte ich mir einen Vortrag an und spielte dabei zerstreut mit einem Papierquadrat herum. Ich hatte damit angefangen, Origami-Blumen und Vasen zu falten, die ich auf den Konferenztischen zurückließ, um das Reinigungsteam zu überraschen. Die Vasen machten mir noch Schwierigkeiten, und so experimentierte ich, bis dies dabei herauskam!" Manche Origami-Künstler planen ihre Schöpfungen vorher strategisch durch, doch die meisten spielen einfach mit dem Papier und freuen sich dann am Ergebnis!

**1** Ein Quadrat (farbige Seite oben) zweimal diagonal talfalten und entfalten.

**2** Dann horizontal und vertikal talfalten und wieder entfalten.

**3** Figur wenden und den Mittelpunkt der Unterkante auf die obere rechte Diagonale legen. Darauf achten, dass die Falte durch den Mittelpunkt läuft.

**4** Die mit einem Punkt gekennzeichneten Faltlinien müssen aufeinander liegen. Entfalten.

**5** Den Arbeitsschritt spiegelbildlich wiederholen.

**6** Die obere Hälfte des Quadrats zu einer Bergfalte nach hinten legen.

**7** Falten in einen doppelten Gegenbruch (1 Bergfalte zwischen 2 Talfalten) legen …

**8** … und nach innen versenken. Spiegelbildlich wiederholen.

**9** Den unteren Teil des so entstandenen Dreiecks so weit wie möglich nach oben falten.

1

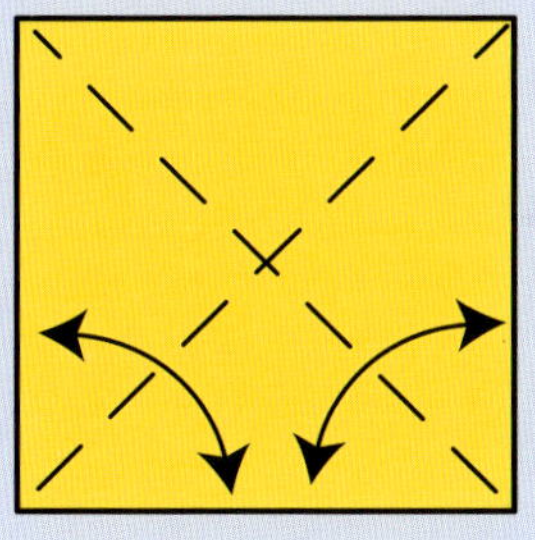

2

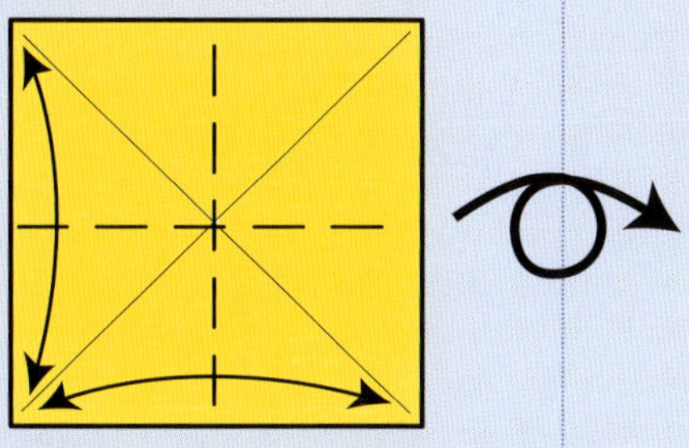

3

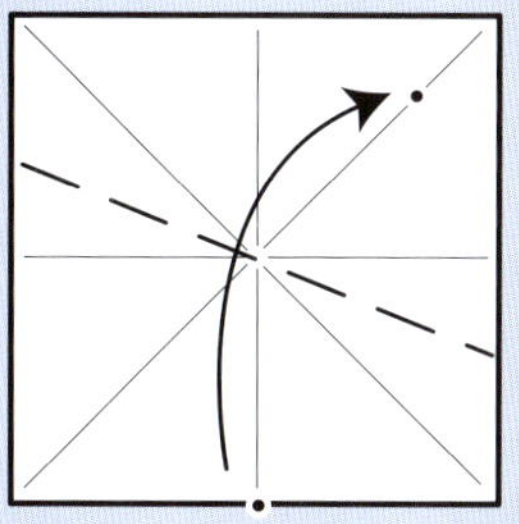

4

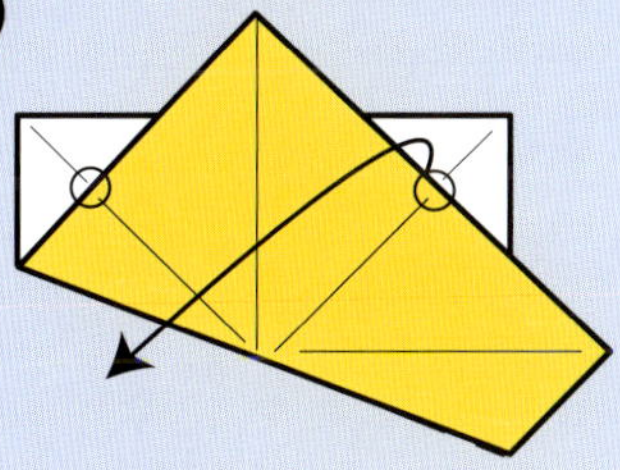

5

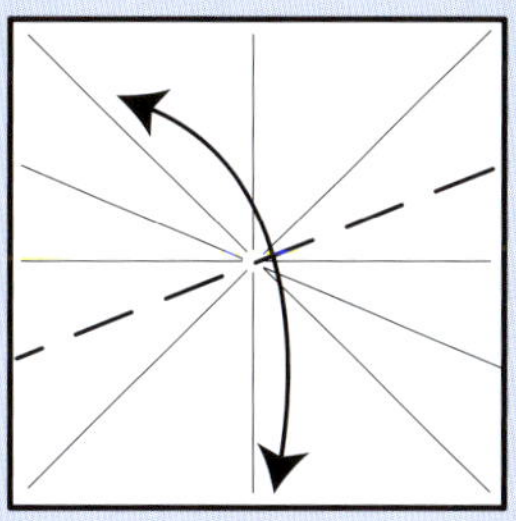

6

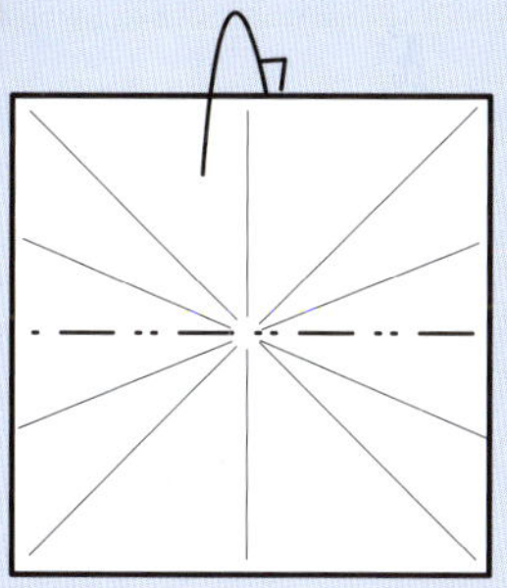

7

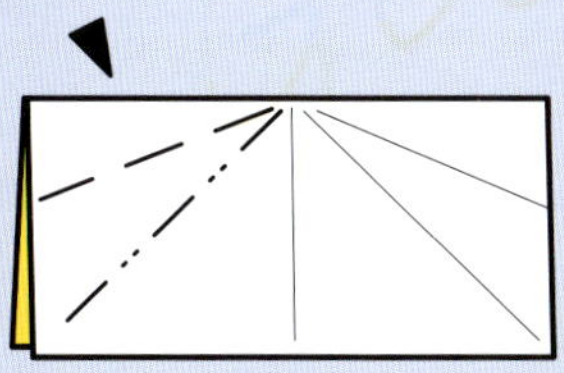

8

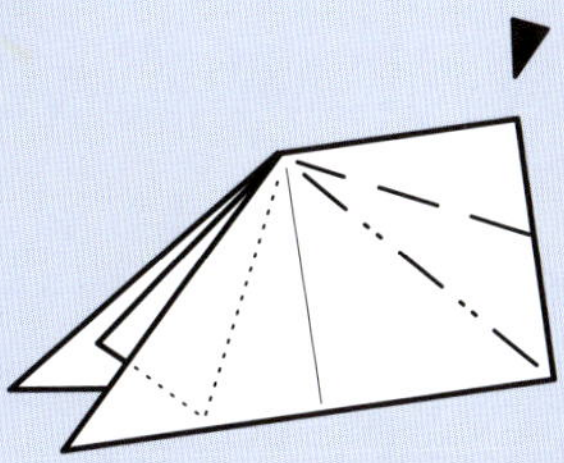

9

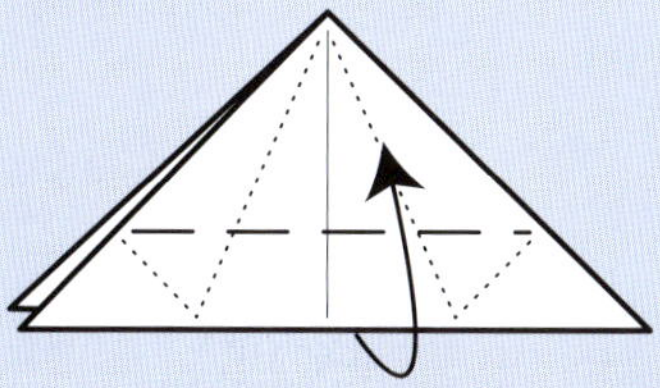

**10** So wie hier. Dann die hintere Hälfte der Unterkante zur anderen Seite umschlagen.

**11** Die äußeren Spitzen nach innen falten, auf der hinten liegenden Seite wiederholen.

**12** Die Spitzen der weißen Dreiecke vorn und hinten in die Faltentaschen schieben.

**13** Etwas unterhalb des farbigen Teils eine Talfalte legen, wieder entfalten.

**14** Die Figur vorsichtig öffnen, dabei vor allem die untere Dreieckspitze auseinander ziehen und versenken, dann die Falte am Gefäßboden rundherum bergfalten.

**15** Mit den Fingern nachformen. Fertig.

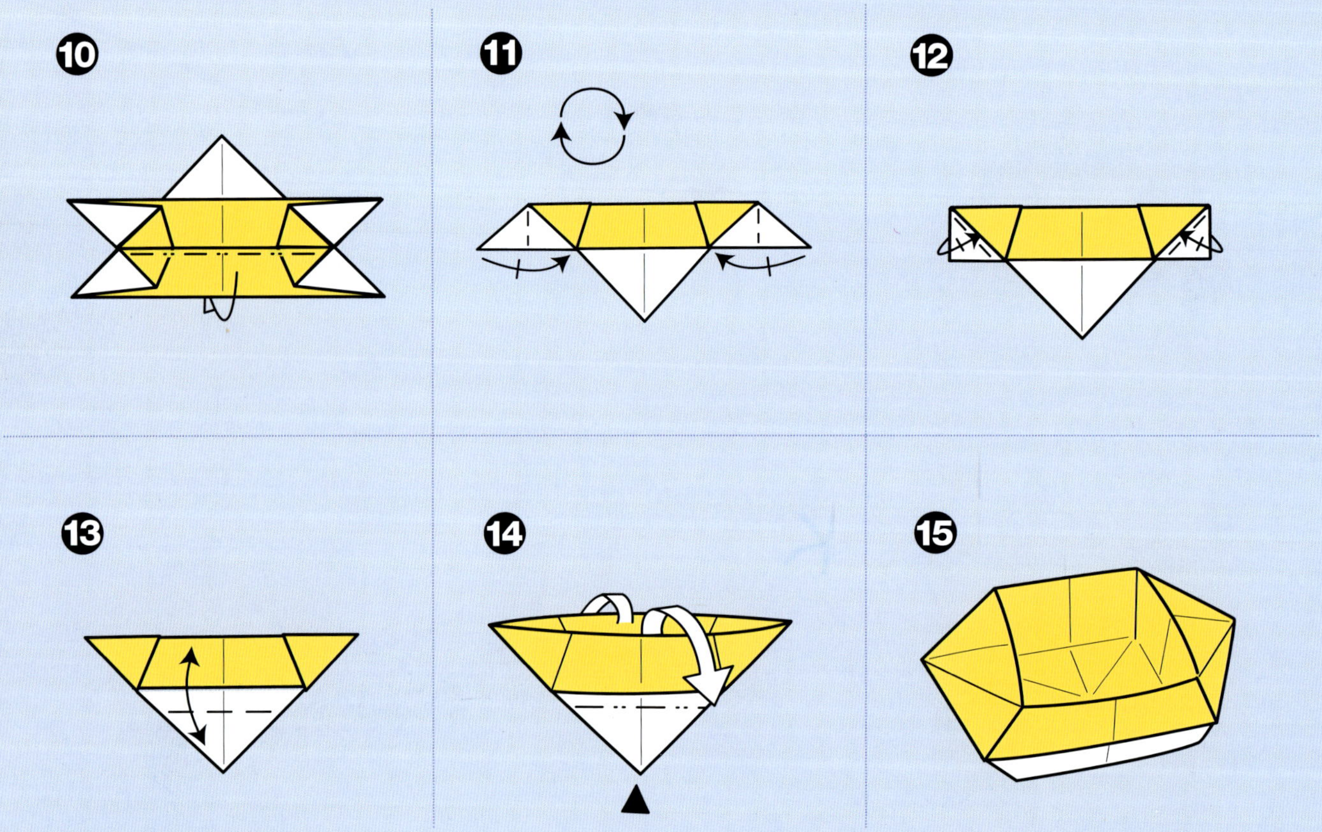

## Bleistift

Die Origami-Welt muss sich zwar darauf verlassen, dass ihre Mitglieder ehrlich genug sind, ihre Quellen anzugeben, doch es ist wohl auch ganz natürlich, dass Menschen unabhängig voneinander ähnliche Figuren erfinden. So sind mehrere Designer während ihrer Experimente auf diese Figur gestoßen. Setzen Sie es sich zur Aufgabe, auf andere als die hier gezeigte Weise zum gleichen Ergebnis zu kommen. Beginnen Sie mit einem Rechteck, die farbige Seite liegt unten. Je schmaler es ist, desto länger wird der Bleistift ausfallen.

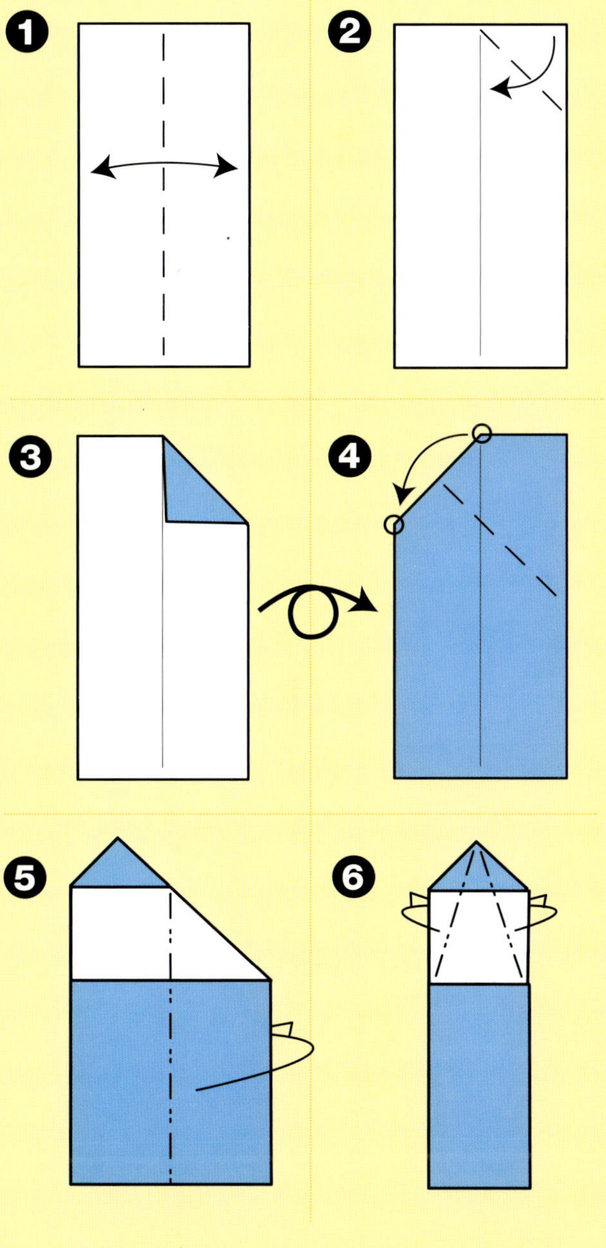

**1** Ein Rechteck der Länge nach talfalten und entfalten.

**2** Eine obere Ecke nach innen falten, sodass die Oberkante …

**3** … parallel zur Mittelbruchlinie liegt. Die Figur wenden.

**4** Die Oberkante zur linken Seitenkante talfalten.

**5** Rechte Seite entlang der Mittelfalte nach hinten falten.

**6** Die Bleistiftspitze mithilfe von zwei Bergfalten formen. Fertig.

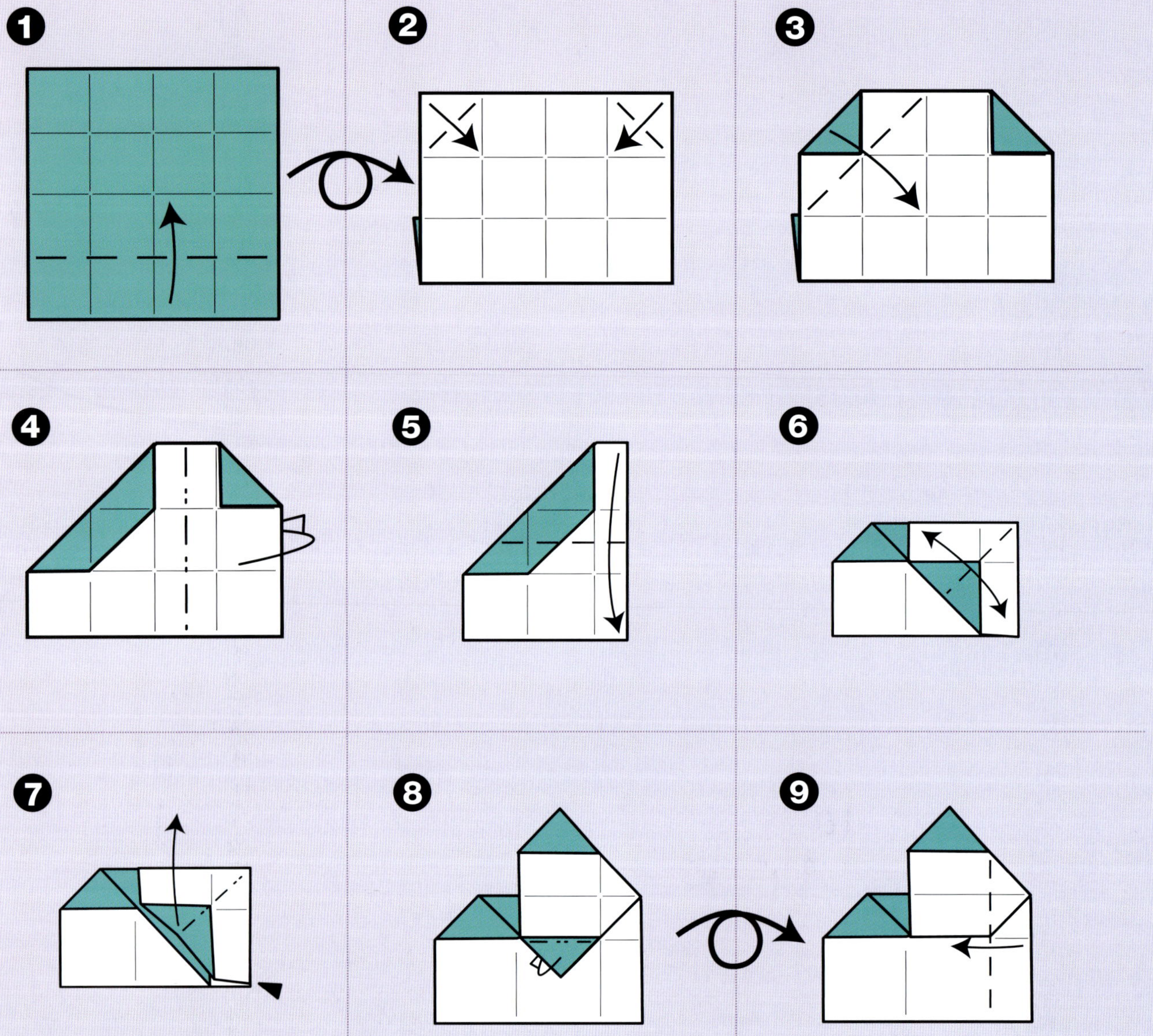
1
2
3
4
5
6
7
8
9

## Kirche

Einfache Gebäude sind ein ideales Motiv für die Origami-Technik, da sie sich zumeist aus einfachen Rechtecken und Dreiecken zusammensetzen. Diese Figur von Evi Binzinger macht sich die verschiedenen Farben von Papiervorder- und -rückseite für die Herausarbeitung der Dächer zu Nutze. Beginnen Sie mit einem Quadrat, die farbige Seite liegt unten. Zuerst das Papier durch je zwei Horizontalfalten mit einer Viererteilung (also ein Raster aus 16 Kästchen) vorfalten.

**1** Das untere Viertel des Quadrats nach oben talfalten.

**2** Figur wenden und die beiden oberen Ecken bis zur jeweils nächsten Faltlinie falten.

**3** Obere linke Ecke nochmals einwärts falten.

**4** Die freie weiße Spalte vertikal in der Mitte bergfalten. Es geht leichter, wenn Sie das Papier wenden und eine Talfalte legen.

**5** Die Figur horizontal in der Mitte falten: Die rechte obere Ecke liegt nun auf der rechten unteren Ecke.

**6** Diagonal talfalten: Die rechte Kante liegt danach auf der Oberkante. Entfalten.

**7** Diese Faltentasche öffnen, nach oben auseinander ziehen und glatt streichen.

**8** Überstehende farbige Ecke nach hinten einschlagen.

**9** Die rechte Partie entlang der Falte nach vorn klappen. Die Falte mit dem Fingernagel glatt streichen, dann wieder halb öffnen, damit die Kirche steht.

Figur wenden: Fertig ist die Kirche!

## Baum

Diesen stilvollen Baum hat sich Jason Neale ausgedacht. Das Schöne an dieser Figur ist, dass Sie bei den ersten drei Arbeitsschritten nicht allzu präzise zu sein brauchen. Halten Sie sich aber möglichst genau an die Abbildung. Falls das nicht gelingt, wird Ihr Baum eben eine etwas andere Form haben. Wer mag, kann die Form zum Schluss noch mit einigen Bergfalten ausarbeiten.

**1** Die linke untere Ecke des Quadrats (farbige Seite unten) …

**2** … etwa zum Mittelpunkt der Oberkante falten, dann wieder entfalten.

**3** Ungefähr das untere Viertel des Quadrats nach oben talfalten.

**4** Die schräge Falte durch beide Papierlagen nachfalten, wieder entfalten.

**5** Untere Klappe öffnen und nach innen versenken.

**6** Die neu entstandene Klappe nach vorn talfalten.

**7** Die linke obere Ecke so weit wie möglich nach innen falten und glatt streichen.

**8** So sieht das Ergebnis dann aus.

**9** Wenden – und der Baum ist fertig.

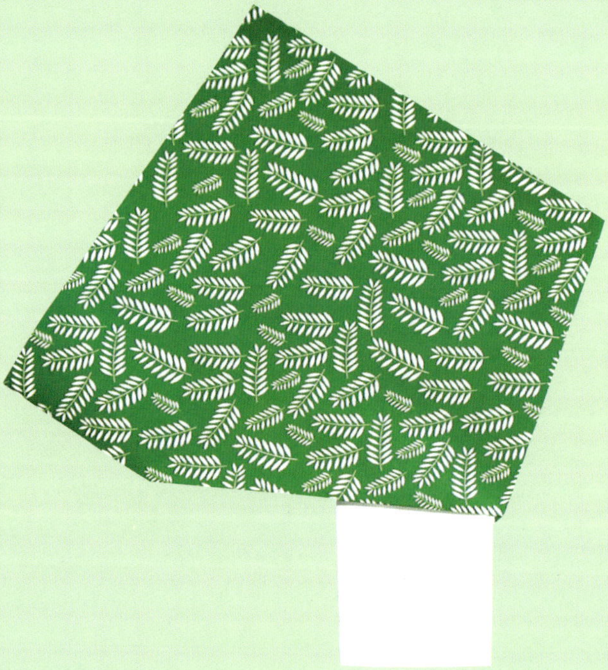

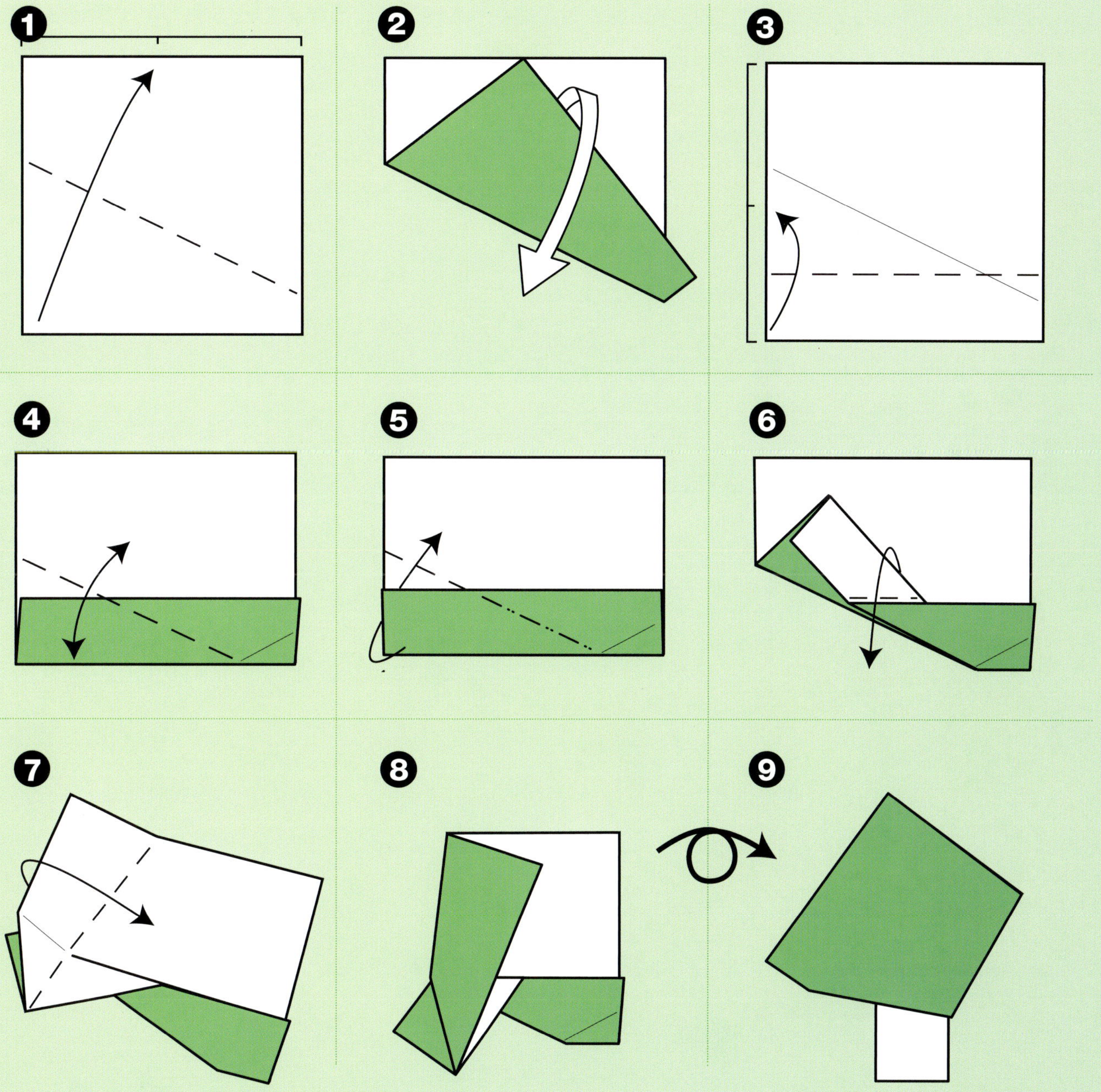
1
2
3
4
5
6
7
8
9

## Holterdiepolter

Dieses hübsche Spiel wurde von dem Japaner Seiryo Takegawa entwickelt. Da eine Seite aus mehr Papierlagen besteht als die andere, ist sie etwas schwerer. Stellt man die Figur mit den Seitenklappen nach vorn und der schweren Seite nach oben auf und gibt ihr einen leichten Schubs, schlägt sie einen Purzelbaum. Führen Sie den Trick einmal vor. Dann stellen Sie die Figur mit der leichten Seite nach oben auf und laden Freunde zum Nachahmen ein: Es wird ihnen nicht gelingen!

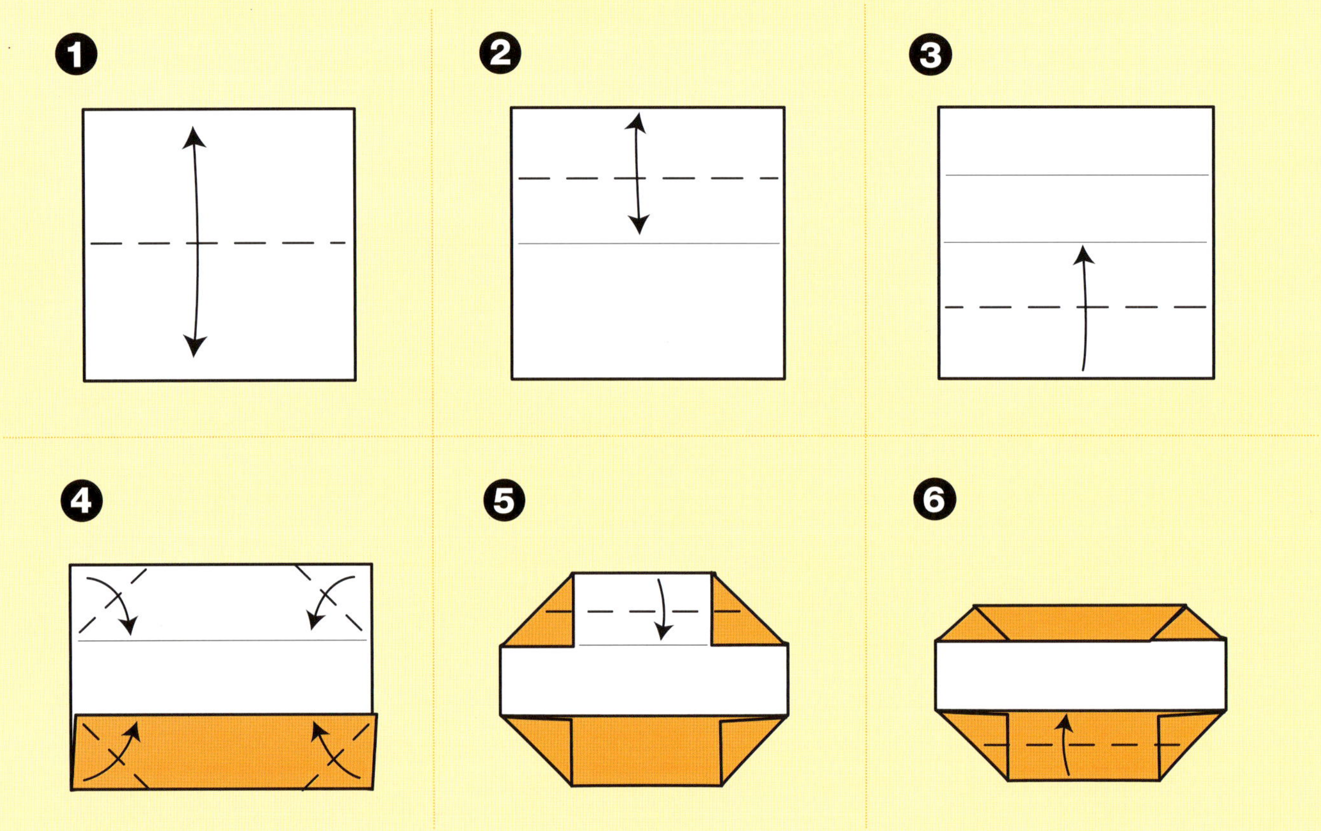

1 Ein Quadrat (farbige Seite unten) horizontal in der Mitte talfalten, entfalten.

2 Die Oberkante bis zum Mittelbruch falten, glatt streichen und wieder entfalten.

3 Vorgang mit der Unterkante wiederholen, jedoch nicht entfalten.

4 Alle vier Ecken bis zur nächsten Faltlinie bzw. Kante talfalten.

5 Obere Kante bis zur ersten Faltlinie falten. Die Ecken sollten verdeckt werden.

6 Den Vorgang mit der Unterkante wiederholen.

7 Beide Schmalseiten einwärts falten, sodass sie in der Mitte zusammenstoßen.

8 Mit dem Fingernagel glatt streichen, dann halb aufbiegen.

9 Und jetzt richtig aufstellen und anstupsen!

7

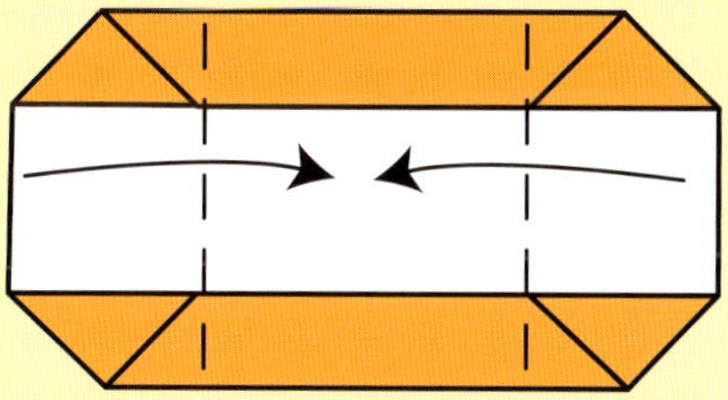

8

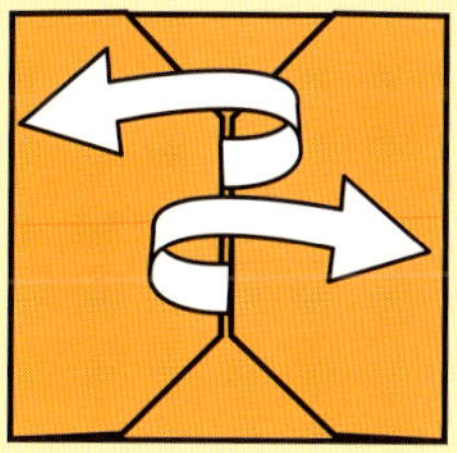

9

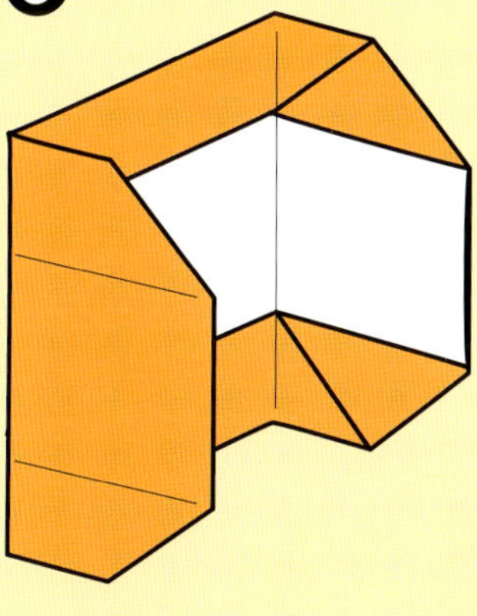

## Schale

Dies ist ein Modell zum Üben der Vorfalt-Technik. Dabei werden vor dem eigentlichen Legen der Figur alle erforderlichen Falten auf dem Papier angebracht. Das erleichtert die Ausführung erheblich und erhöht obendrein die Genauigkeit. Die Gestaltung dieser Figur wurde von Philip Shens Kreationen inspiriert. Er hat bereits in den 1950er-Jahren wunderschöne Origami-Gefäße geschaffen.

**1** Ein Quadrat (farbige Seite oben) zweimal diagonal talfalten und wieder entfalten.

**2** Die untere rechte Ecke zur Diagonallinie hin führen, jedoch nicht ganz an sie heranlegen (siehe Abbildung), dabei nur in der Mitte leicht andrücken.

**3** Das Quadrat um 90 Grad drehen und den Vorgang wiederholen, dann die beiden verbliebenen Kanten ebenso falten.

**4** Das Papier wenden und die eben ausgeführten Falten auf dieser Seite wiederholen, wobei jetzt die ganze Falte angedrückt wird.

**5** Den Vorgang rundherum wiederholen, sodass sich ein Achteck in der Mitte bildet.

**6** Farbige Seite nach oben legen und die untere Ecke an den oberen Schnittpunkt der Achteck-Figur führen. Vom linken Rand aus bis zum Schnittpunkt mit der nächsten Falte (siehe Abbildung) andrücken. Rundherum wiederholen.

**7** Die vier Bergfalten des inneren Achtecks zu Talfalten umformen, sodass es ganz aus Talfalten besteht.

**8** Das Papier wenden, die in Schritt 5 gelegten Falten suchen und von deren unterem linken Ausgangspunkt ausgehend eine horizontale Falte legen. Rundherum wiederholen.

**9** Nun die untere rechte Papierkante an die soeben entstandene Faltlinie führen, glatt streichen und entfalten. Diese Falte rundherum wiederholen.

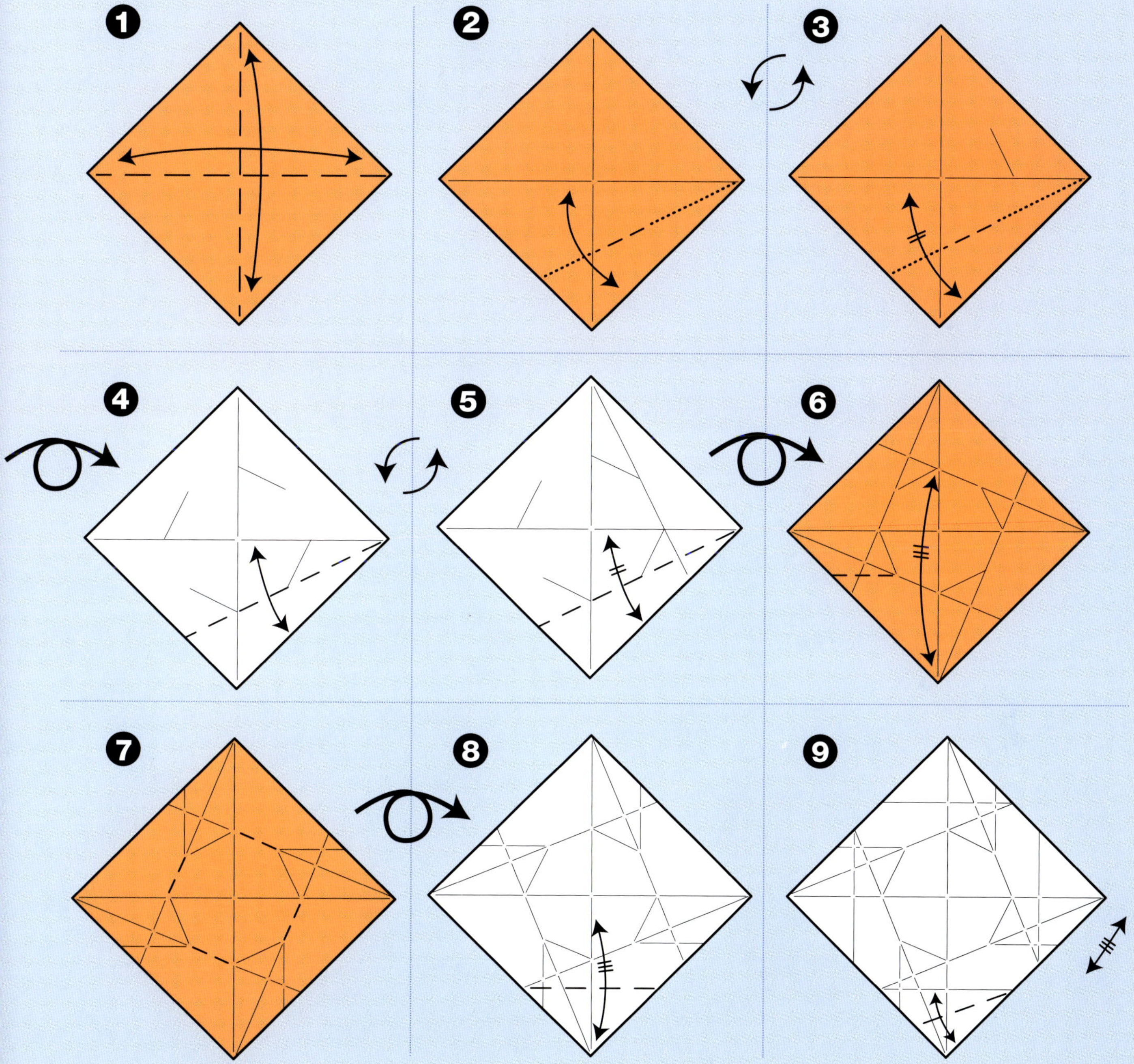
1
2
3
4
5
6
7
8
9

**10** Die in der Abbildung markierte untere Falte einschlagen, dadurch biegen sich die Kanten zunächst nach hinten. Das Achteck sollte Bergfalten aufweisen.

**11** Die untere Spitze nach oben biegen und das Ende hinter der weißen Klappe in die Tasche, die sich dort gebildet hat, schieben.

**12** Den Vorgang an den anderen Ecken wiederholen. Alle Falten nachstreichen und von unten leicht gegen die Form drücken, damit sich die Mitte etwas nach oben wölbt.

**13** Die fertige Schale.

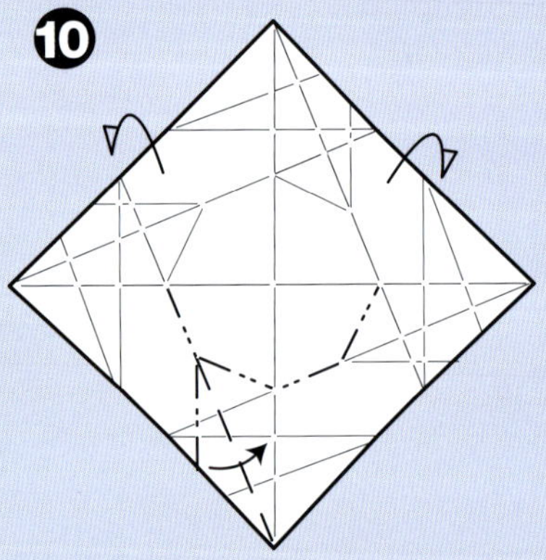


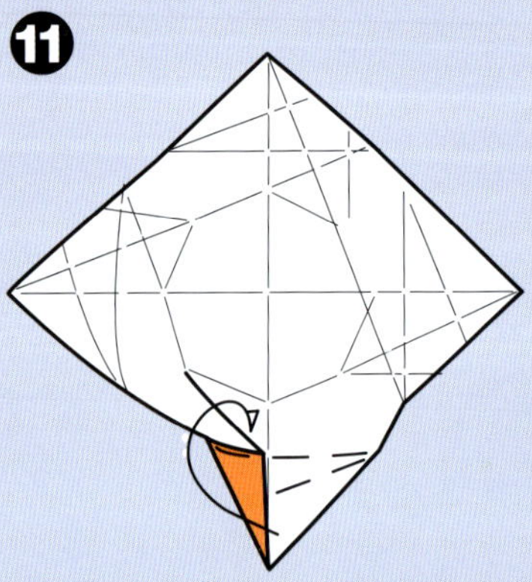


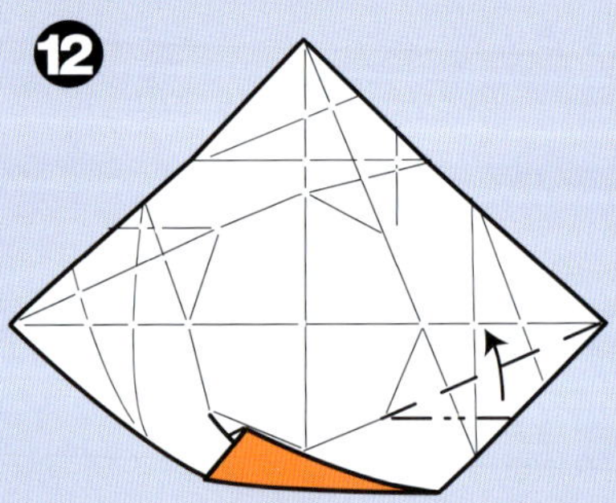


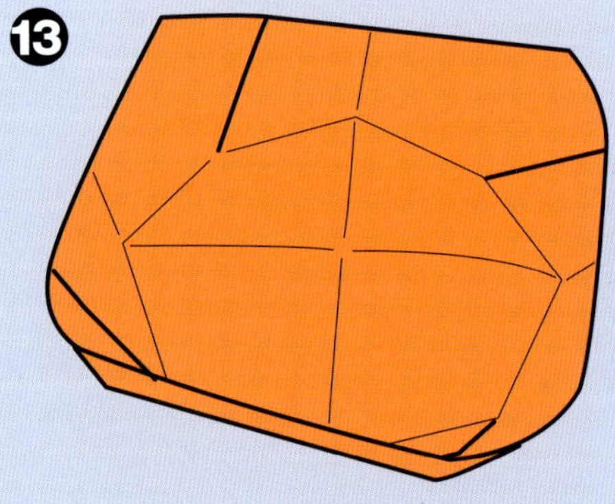

## Mammut

Diese Figur ist ein Beispiel für eine Origami-Kunst, die anstrebt, mit möglichst wenig Falten ein erkennbares Objekt zu gestalten. Das bedeutet aber, dass manche Falten nach Augenmaß angebracht werden müssen, da es keine exakten Orientierungspunkte gibt. Das ist z. B. in Schritt 2 der Fall. Hier schlagen Sie das Papier am besten locker um und schieben es dann solange hin und her, bis Sie mit der Position zufrieden sind. Beginnen Sie mit einem Quadrat, die farbige Seite liegt unten.

**1** Die obere linke Ecke entlang einer gedachten Diagonalen talfalten, jedoch nicht ganz bis an die Kante anlegen.

**2** Der Kopf entsteht, indem die obere rechte Ecke schräg nach links unten gefaltet wird. Vor dem Glattstreichen noch einmal anhand der Abbildung prüfen.

**3** Die Schwanzspitze nach hinten falten.

**4** Weißen Streifen nach hinten falten, wieder halb öffnen, damit die Figur Stand hat.

**5** Fertig ist das Mammut.

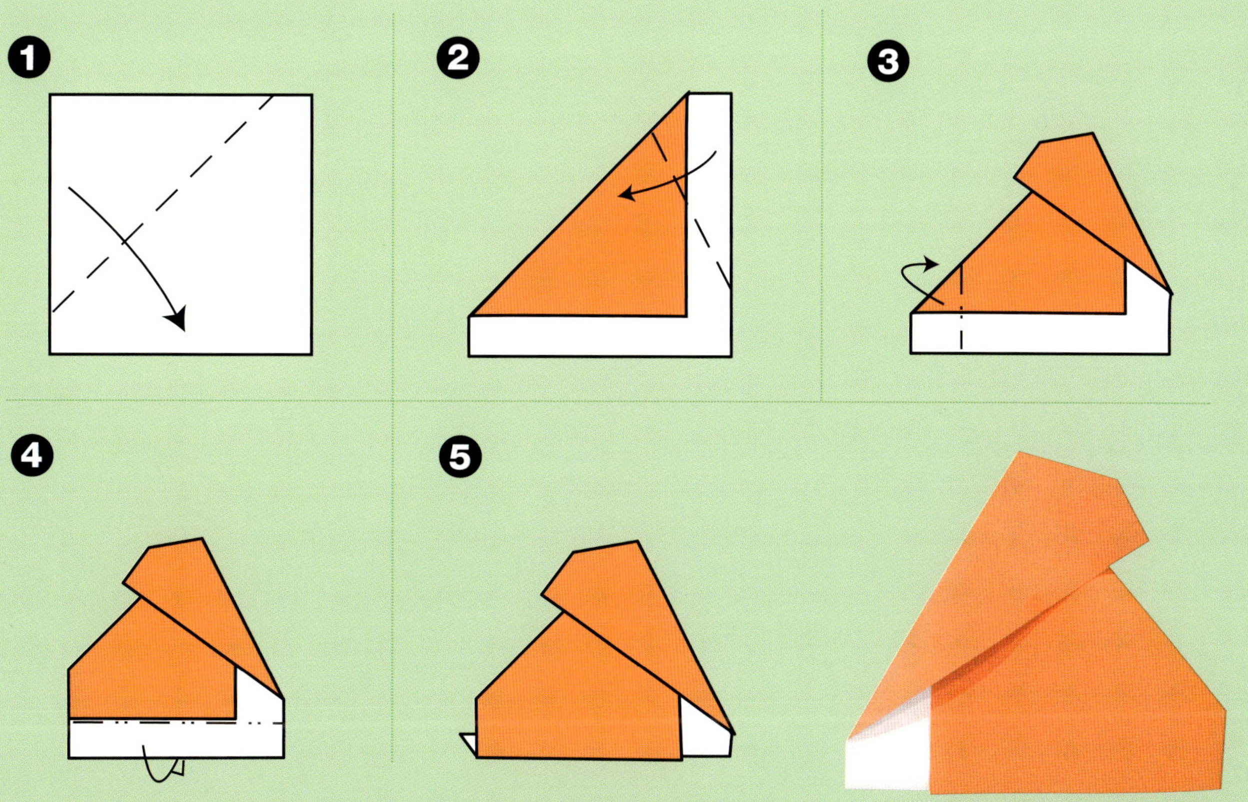

## Bank

Dies ist eine Weiterentwicklung der traditionellen japanischen Figur „Das Haus“, die viele japanische Kinder in der Schule lernen. Sie gehört zu einer Reihe von Modellen, die man durch einfache Variationen einer Grundfigur erhält. Außerdem eignet sie sich gut, um das Versenken von Falten zu üben.

**1** Ein Quadrat (farbige Seite unten) vertikal durch den Mittelpunkt talfalten, glätten und wieder entfalten.

**2** Anschließend horizontal in der Mitte talfalten.

**3** Schmalseiten zur Mittellinie talfalten und glatt streichen.

**4** Die inneren Ecken oben so nach außen falten, dass die Oberkanten auf den Seitenkanten aufliegen. Glätten und entfalten.

**5** Die linke Klappe nun vorsichtig auseinander ziehen und den farbigen Teil zu einem sauberen Dreieck drücken.

**6** Auf der anderen Seite wiederholen.

**7** Dies ist das traditionelle „Haus“. Nun den Mittelteil zur Oberkante talfalten.

**8** Die Seiten entlang der bestehenden Falten nach innen legen. Kräftig andrücken.

**9** Die Figur an der Partie festhalten, die in Schritt 7 nach oben geklappt wurde, und diese vorsichtig nach unten biegen. Die Seitenklappen springen dabei auf. Etwa auf halbem Wege loslassen – die Papierspannung sollte die Bank jetzt stabil halten. So sieht die fertige Bank aus.

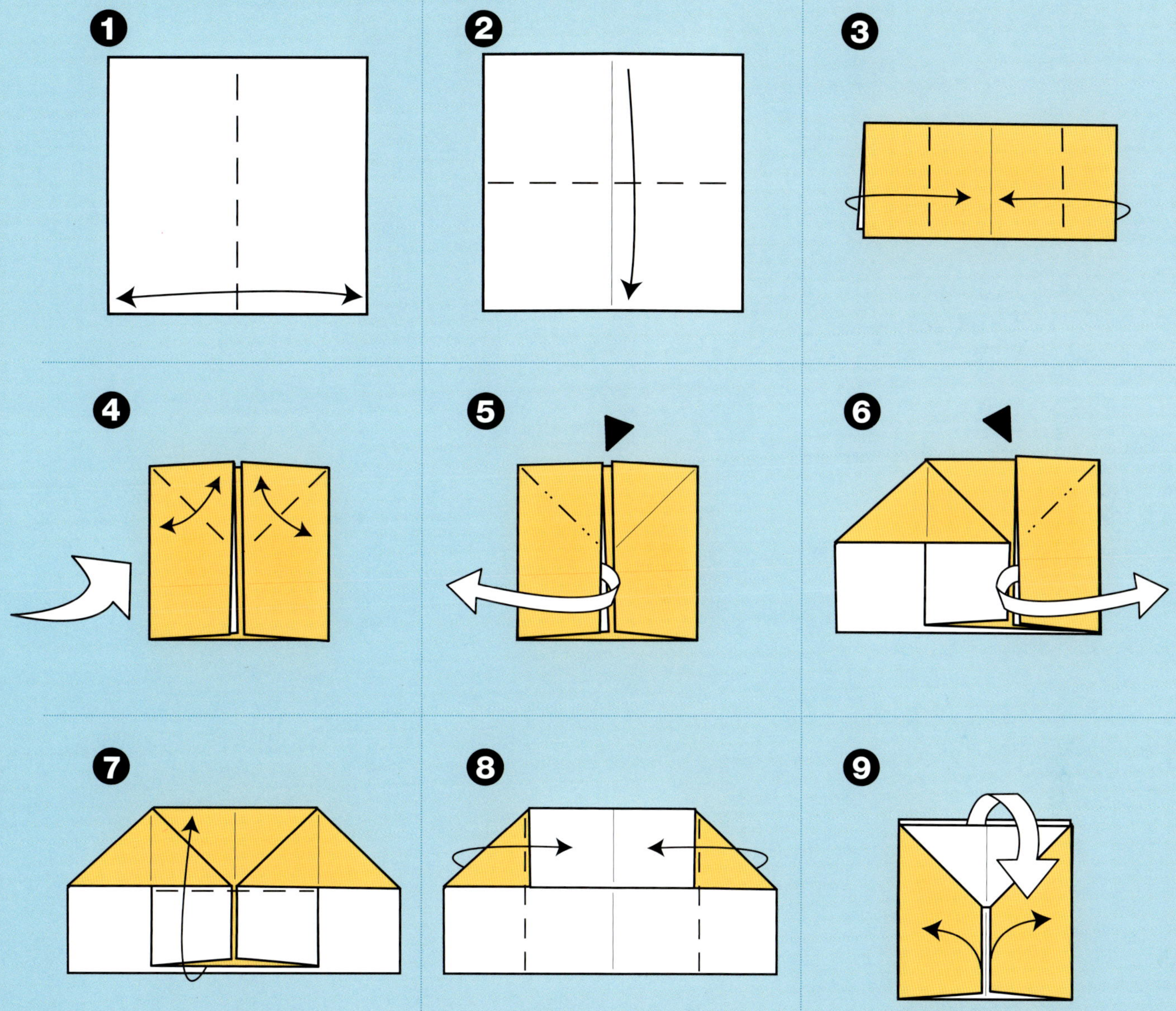
1
2
3
4
5
6
7
8
9

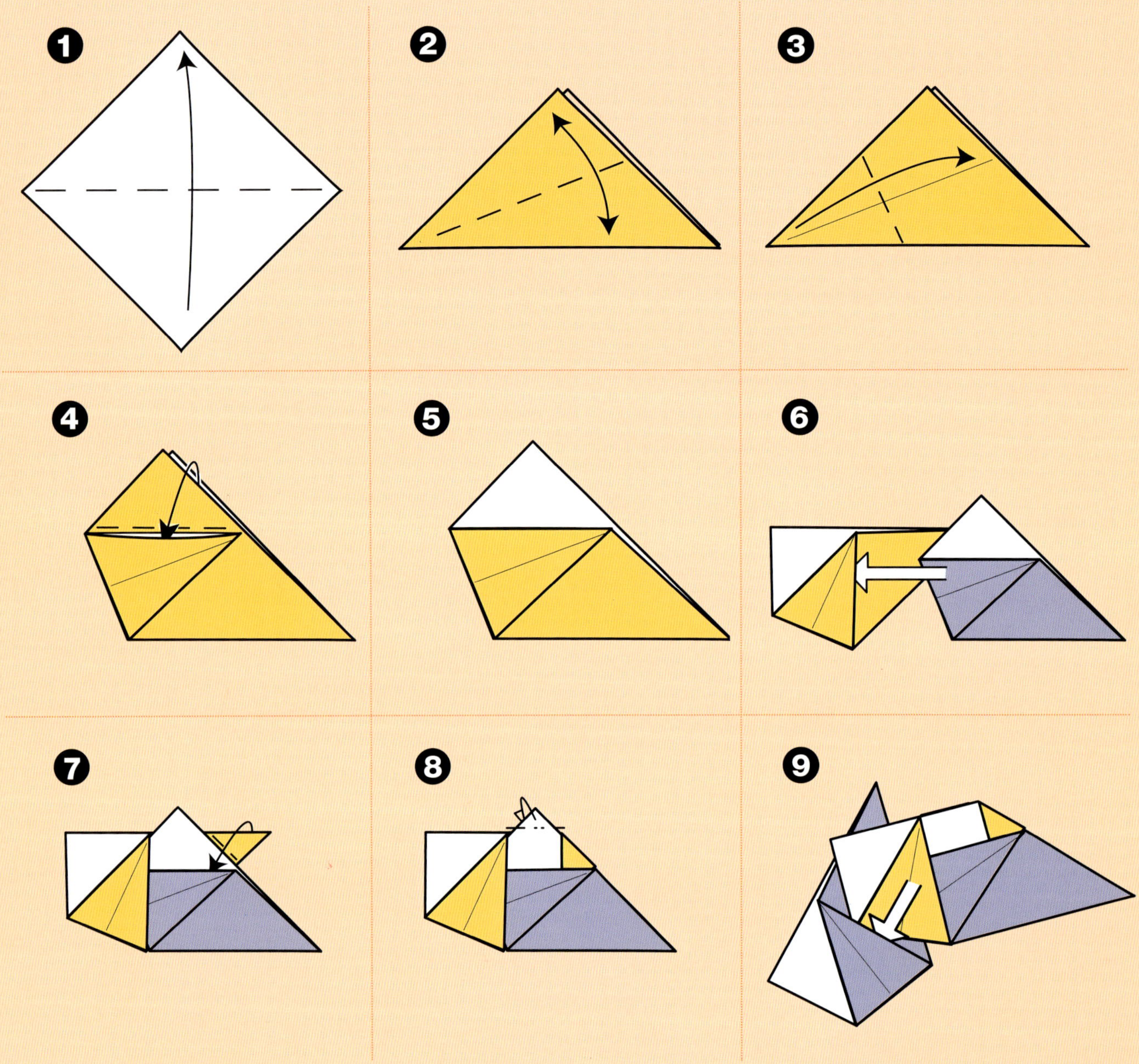
1
2
3
4
5
6
7
8
9

## Modul-Ring

„Modul-Origami" ist die Kunst, komplexe Formen aus einzelnen Figuren zusammenzusetzen. Manche sind dreidimensional, andere sind flach und können zu Ringen und Kränzen zusammengefügt werden. Diese Figur wurde von Kunihiko Kasahara erdacht. Damit sie auch wirklich schön zur Geltung kommt, sollten Sie sich beim Falten um äußerste Exaktheit bemühen.

**1** Ein Quadrat (farbige Seite unten) einmal diagonal talfalten.

**2** Die obere Papierlage nach unten zur Unterkante talfalten und wieder entfalten.

**3** Die linke Ecke bis zum Ende der Faltlinie umschlagen.

**4** Obere Lage des oberen Dreiecks in die Tasche stecken, die darunter entstanden ist.

**5** Noch sieben weitere solcher Module in verschiedenen Farben falten.

**6** Die fertigen Module, wie hier gezeigt, ineinander stecken.

**7** Die überstehende Spitze nach vorn talfalten und in die kleine Tasche stecken.

**8** Überstehendes Dreieck nach hinten falten, in die Tasche darunter stecken.

**9** Alle Module entgegen dem Uhrzeigersinn auf diese Weise miteinander verbinden.

**10** Wenn statt acht nur sieben Module zusammengesteckt werden, wird der Ring plastisch und ergibt ein wunderbares Windrad!

10

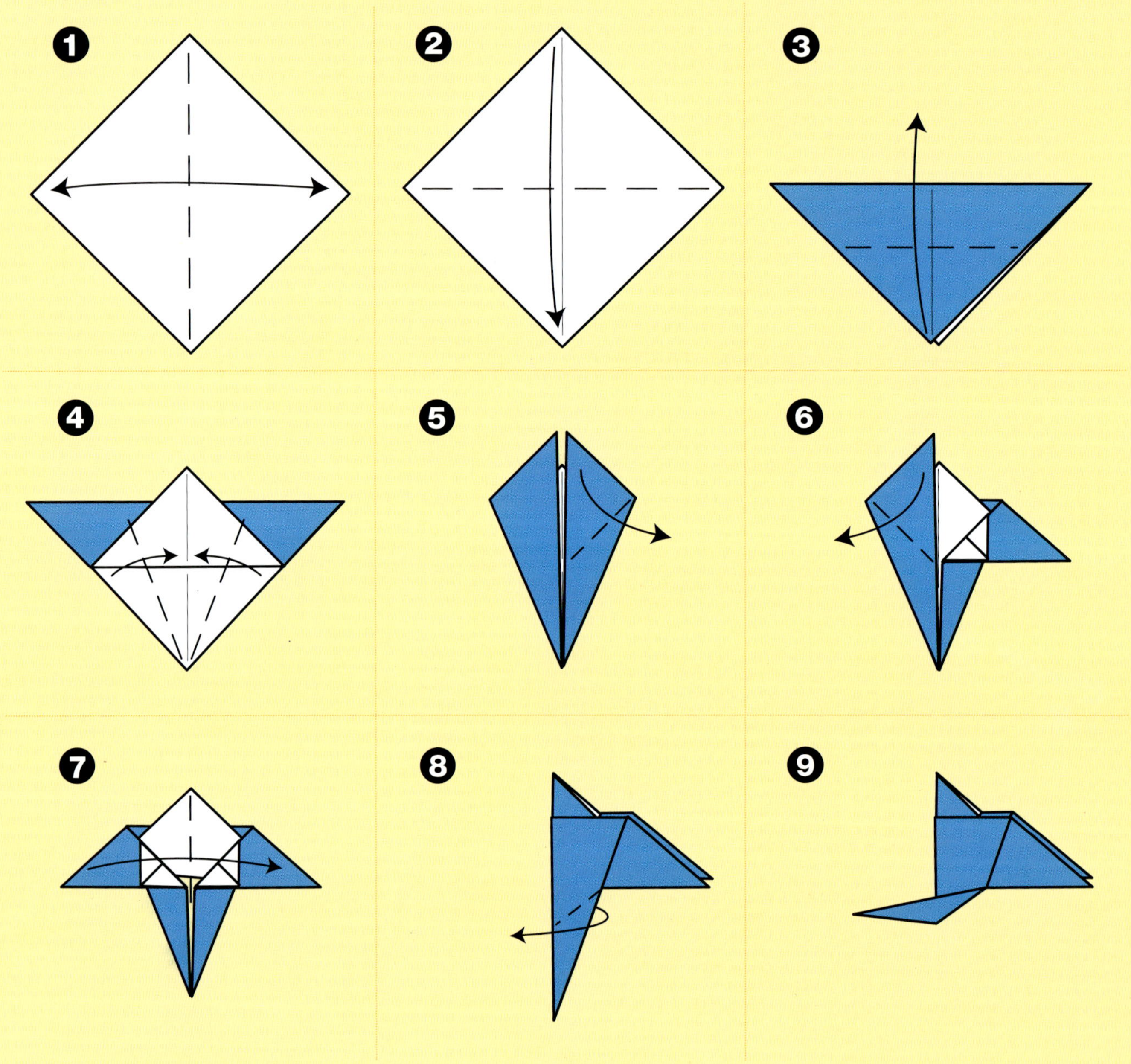
1
2
3
4
5
6
7
8
9

# Kolibri

John Smith ist ein Falter, der für seine Schöpfungen ausschließlich Berg- und Talfalten verwendet – niemals Gegenbrüche oder andere komplexe Schritte. Er nennt seinen Ansatz *Pureland*. Damit möchte er seine Kollegen ermutigen, ein Objekt so schlicht und ungekünstelt wie möglich zu erfassen. Dieser Kolibri ist ein sehr schönes Beispiel dafür – schauen Sie sich an, wie Smith in Schritt 7 und 8 eine Alternative findet, wo man üblicherweise einen Gegenbruch verwendet.

**1** Ein Quadrat (farbige Seite unten) vertikal in der Diagonalen falten, wieder entfalten.

**2** Nochmal horizontal in der Diagonalen talfalten.

**3** Die untere Spitze der oberen Lage so nach oben falten, dass sie etwas über der Oberkante hinausragt.

**4** Die Seitenkanten zur vertikalen Mittellinie falten.

**5** Rechte obere Ecke im rechten Winkel nach außen falten.

**6** Auf der linken Seite wiederholen.

**7** Die Figur in der Vertikalen talfalten.

**8** Die scharfe Spitze unten rechtwinklig nach links falten.

**9** So sollte es aussehen. Figur wenden.

**10** Nun den Schnabel mit einer horizontalen Talfalte schmaler formen.

**11** Der fertige Kolibri.

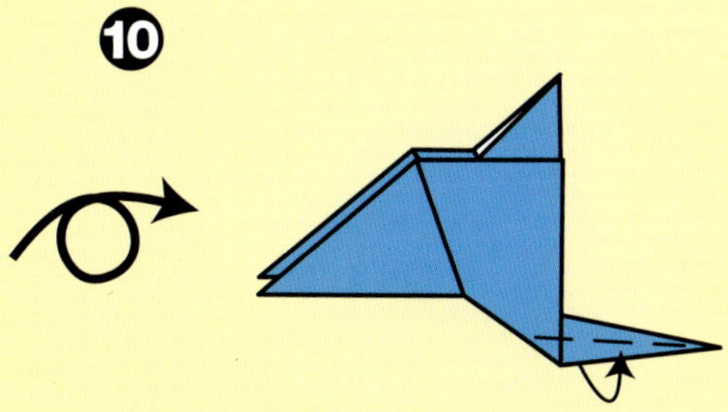

## Schnabelgesicht

Wir lösen uns nun von der traditionellen Geometrie der Origami-Kunst, indem wir mit einem Rechteck arbeiten. Diese Figur besitzt eine weitere Besonderheit: Sie bewegt sich! Wenn Sie das Papier links und rechts der Augen anfassen und leicht eindrücken und wieder auseinander ziehen, öffnet und schließt sich der Schnabel.

**1** Einen Bogen Papier (DIN A4) in der Mitte horizontal und vertikal talfalten.

**2** Dann alle vier Ecken zu den Mittellinien falten.

**3** Die Figur mit einer Talfalte an der Horizontalen zusammenlegen.

**4** Linke Spitze von der oberen linken Ecke aus vertikal nach rechts falten.

**5** Die Spitze so zurückfalten, dass die Falte am Schnittpunkt mit der Mittellinie beginnt.

**6** Entfalten und auf der rechten Seite wiederholen.

**7** Beide Spitzen nach innen versenken. Dabei teilweise die Faltrichtungen ändern. Diese sollten auf beiden Seiten identisch sein.

**8** So soll es aussehen. Die rechte obere Ecke nach links führen und talfalten.

**9** Eine Lage über die dreieckige Spitze nach unten falten und deren obere Ecke flach drücken. Dabei an der nächsten Abbildung orientieren.

**10** Das Papier anheben, damit der flach gedrückte Teil halb in die untere Tasche rutscht.

**11** Die drei letzten Arbeitsschritte auf der anderen Seite wiederholen.

**12** Das Papier zu beiden Seiten öffnen, damit sich der Schnabel bildet.

Fertig.

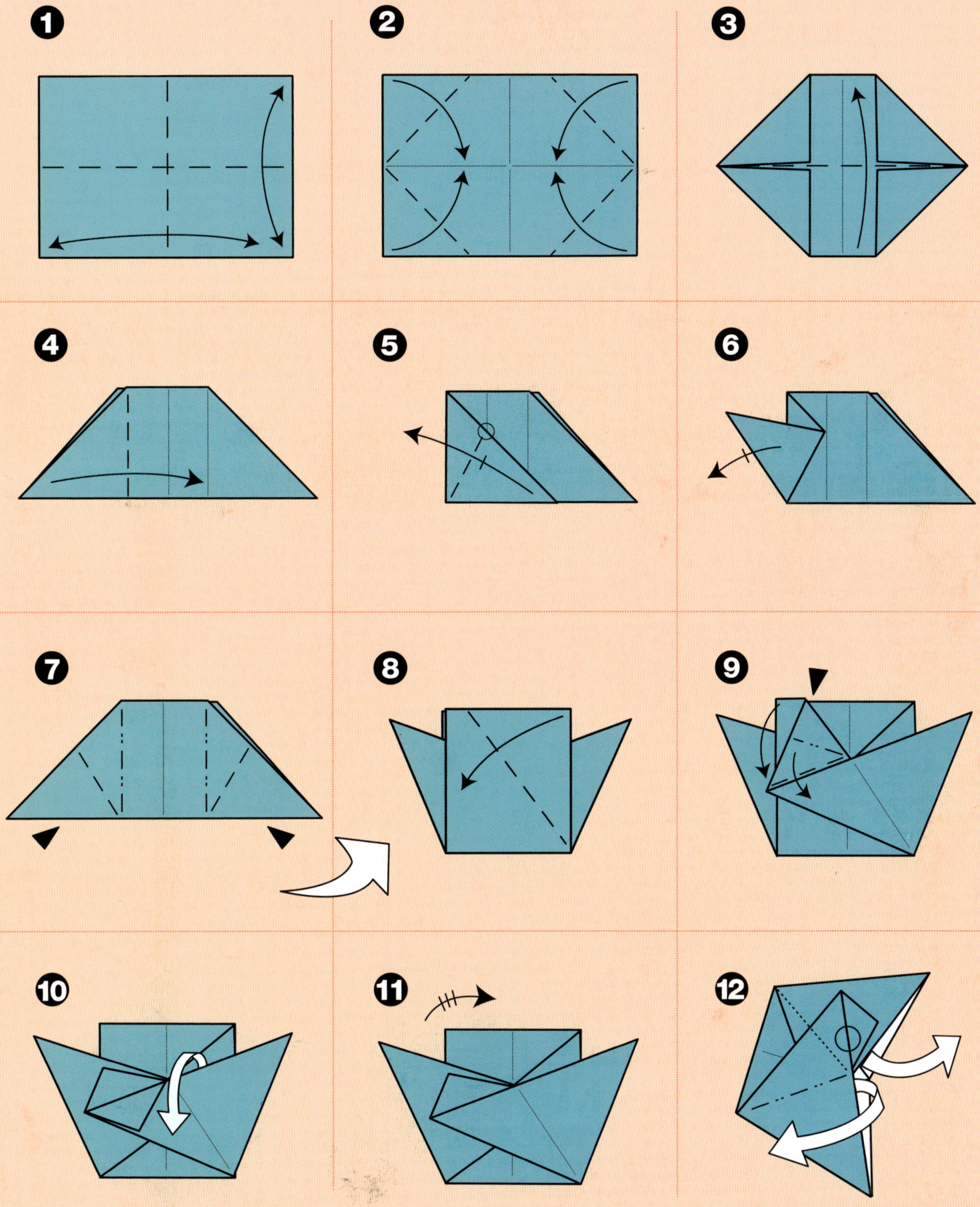
1
2
3
4
5
6
7
8
9
10
11
12

## „Pureland"-Fisch

Marc Kirschenbaum ist ein amerikanischer Falter, der für seine komplexen Schöpfungen bekannt ist. Doch er beschäftigt sich auch mit minimalem Origami, wie dieser „Pureland"-Fisch beweist. Die Figur besteht ausschließlich aus Berg- und Talfalten. Der Trick liegt im leichten Verschieben der Horizontalfalte, aus der sich die Unterlippe des Fisches bildet. Das Modell ist auch insofern interessant, als es erst im letzten Schritt erkennbare Gestalt annimmt.

**1** Ein Quadrat (farbige Seite unten) leicht schräg ungefähr in der horizontalen Mitte talfalten, sodass die Papierkanten dabei leicht verschoben werden.

**2** Hier ist die Verschiebung zu sehen. Wieder entfalten.

**3** Rechte untere Ecke nach oben falten, sodass die rechte Kante an der Mittellinie liegt.

**4** Das Papier am Mittelbruch talfalten.

**5** So sieht das Ergebnis aus. Nun die Figur wenden.

**6** Die untere linke Ecke nach oben rechts falten.

**7** Obere Lage nach links falten, sodass beide oberen Kanten aufeinander treffen.

**8** So soll es aussehen.

**9** Wenden – und fertig ist der Fisch!

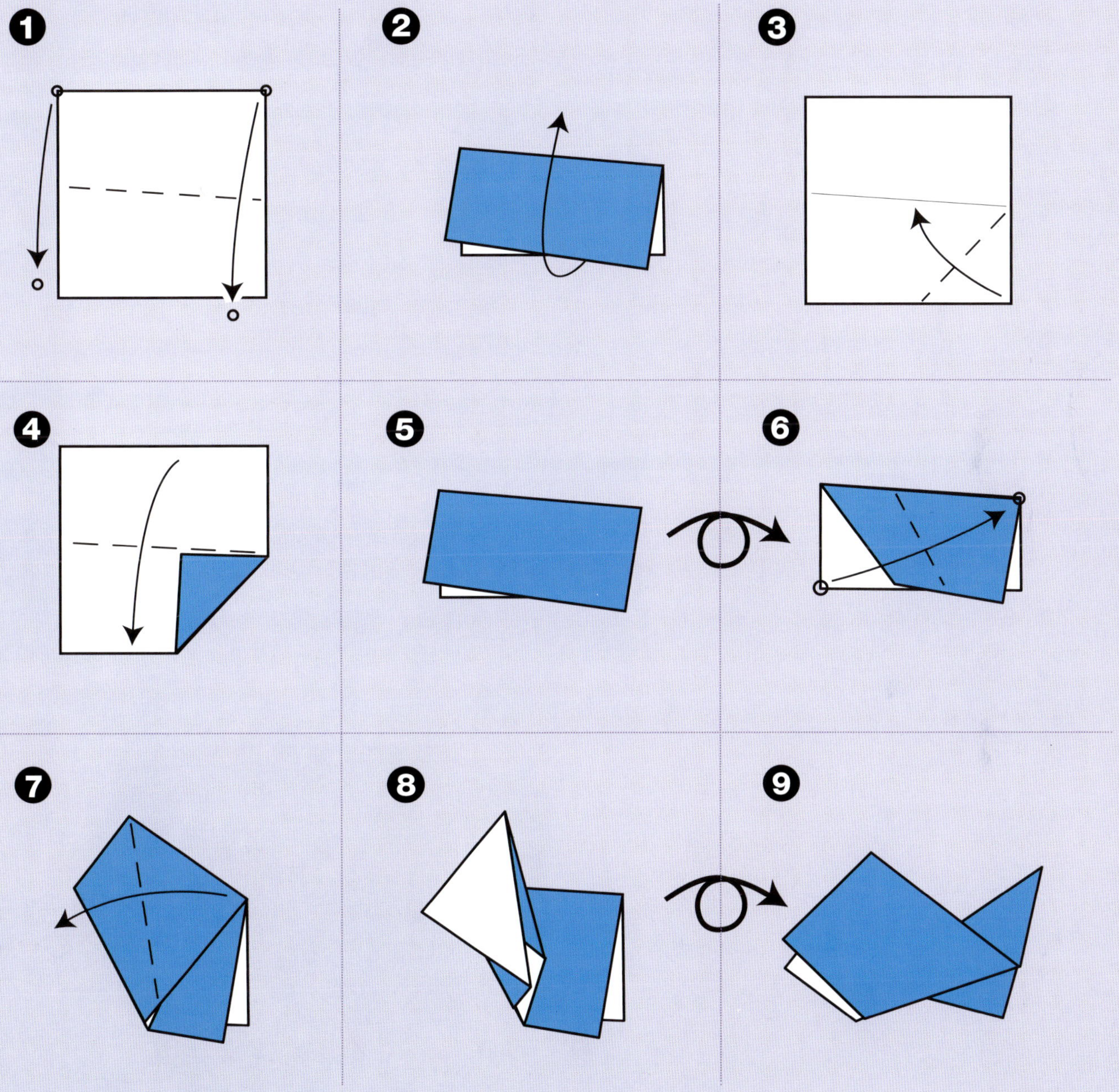
1
2
3
4
5
6
7
8
9

## Frosch

Falten wir gleich noch ein Tier – diesmal einen Froschkopf. Wenn Sie den Kopf leicht zusammendrücken, bewegt sich das Froschmaul. Der Gegenbruch in Schritt 6 ist eine sehr nützliche Technik. Erfahrene Falter überspringen häufig die vorläufige Falte in Schritt 5, Anfänger sollten aber keinen Schritt auslassen. Beginnen Sie mit einem Quadrat, die farbige Seite liegt oben.

**1** Das Quadrat durch den Mittelpunkt horizontal und vertikal talfalten und wieder entfalten.

**2** Das Papier wenden, um 45 Grad drehen, eine Diagonale falten, wieder entfalten.

**3** Die obere und untere Spitze zur horizontalen Mitte talfalten.

**4** Die Figur an der Mittelsenkrechten zusammenfalten.

**5** Obere und untere Ecke der rechten Kante bis zur Faltlinie nach innen falten.

**6** Vergrößerte Detailskizze: Die eben entstandene Ecke senkrecht hochklappen.

**7** Diese Ecke nun öffnen und entlang der vorhandenen Falte flach drücken.

**8** So sollte es aussehen. Mit der Ecke auf der anderen Seite ebenso verfahren.

**9** Fertig.

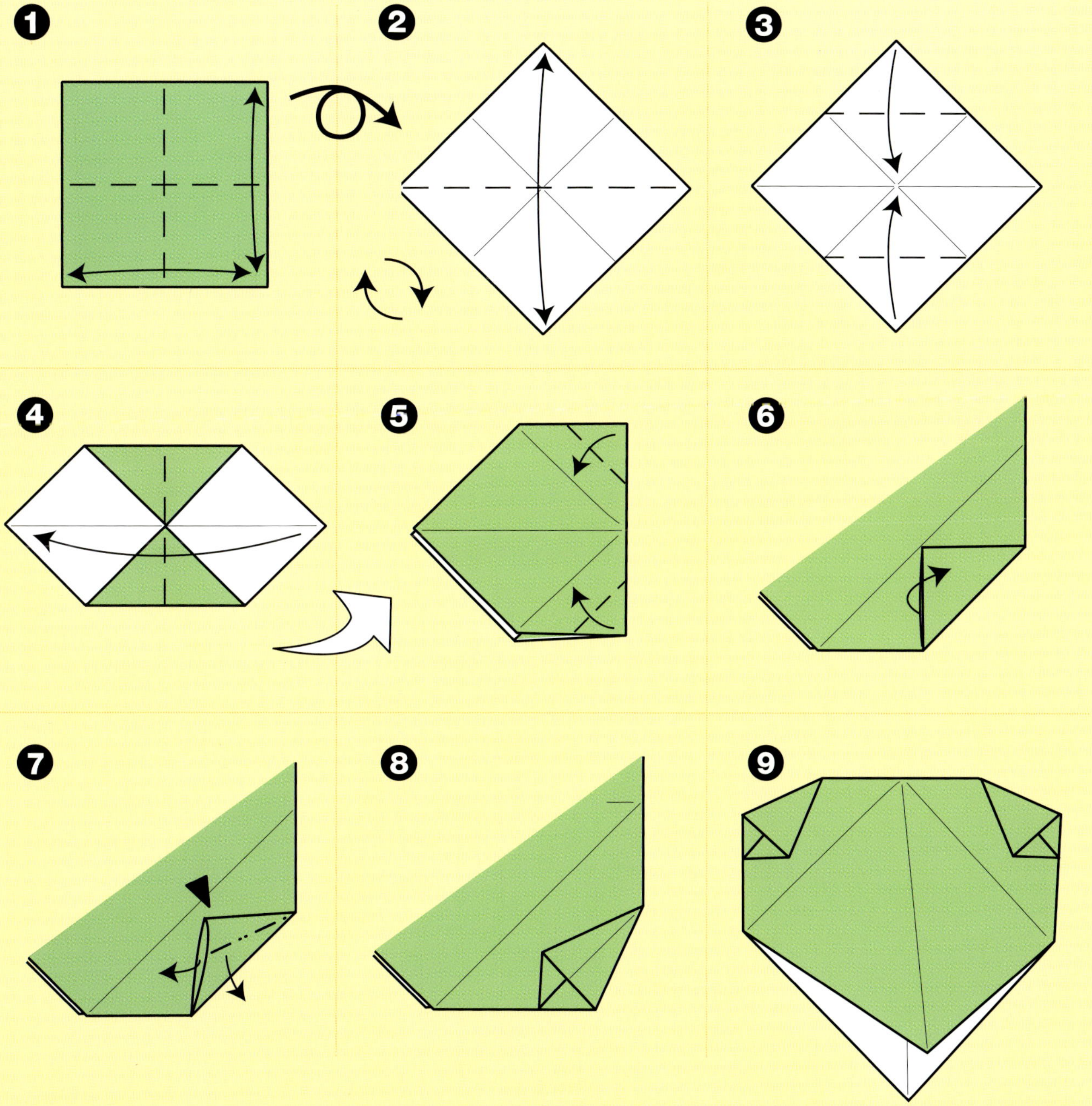
1
2
3
4
5
6
7
8
9

## Dinosaurier

Wie alle Kunstformen kann auch Origami einfach oder komplex sein. Es gibt eine Reihe sehr realistischer Dinosaurier-Figuren, die jedoch sehr viel Übung verlangen. Diese Figur ist zwar stark stilisiert, aber immer noch gut erkennbar. Beginnen Sie mit einem Rechteck (Seitenverhältnis der Kanten 2:1), die farbige Seite liegt unten.

**1** Das Papier horizontal durch den Mittelpunkt talfalten.

**2** Unterkante der oberen Lage zur Oberkante hin talfalten. Der kleine Querstrich auf dem Pfeil zeigt an, dass der Schritt mit der hinteren Lage wiederholt wird.

**3** Beide Papierkanten nun wieder nach unten falten.

**4** Auf beiden Seiten jeweils die Ecken der vorderen Falte nach vorn falten, entfalten.

**5** Die so entstandenen Ecken versenken.

**6** Die kurze Klappe beidseitig nach unten öffnen.

**7** Beide oberen Ecken so falten, dass ihre Außenkanten auf der unteren Falte liegen.

**8** So sieht das Ergebnis aus. Nun die Figur wenden.

**9** Für den Zackenrücken mehrere parallele Falten in engen Abständen legen.

**10** Die beiden unteren Klappen wieder nach oben biegen.

**11** Für die Beine die Spitzen der rechten Seite schräg nach vorn falten, die der linken Seite in der Vertikalen nach rechts legen.

**12** Dann die Vorderbeine im gleichen Winkel wie die Hinterbeine zurückfalten.

1

2

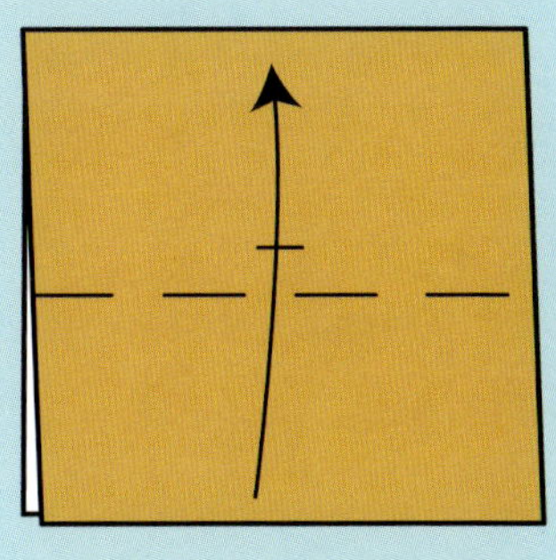

3

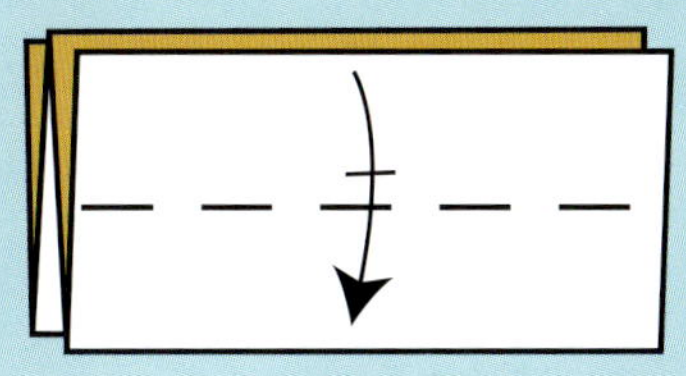

4

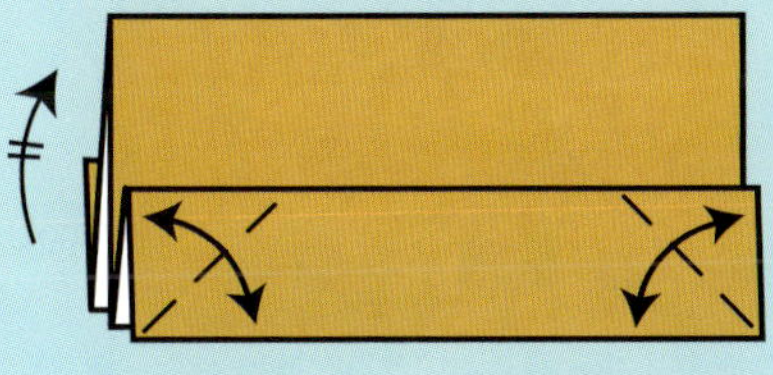

5

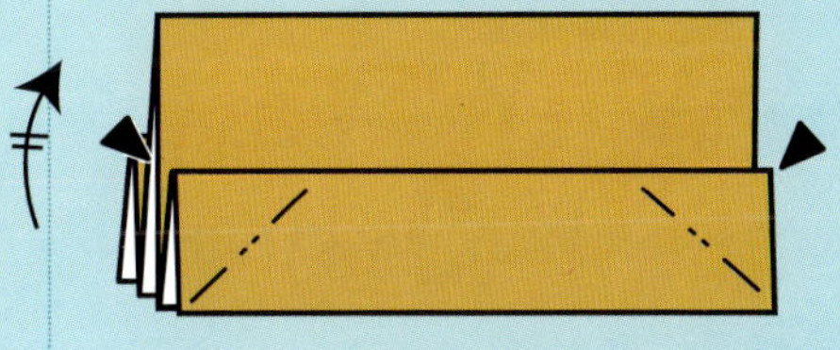

6

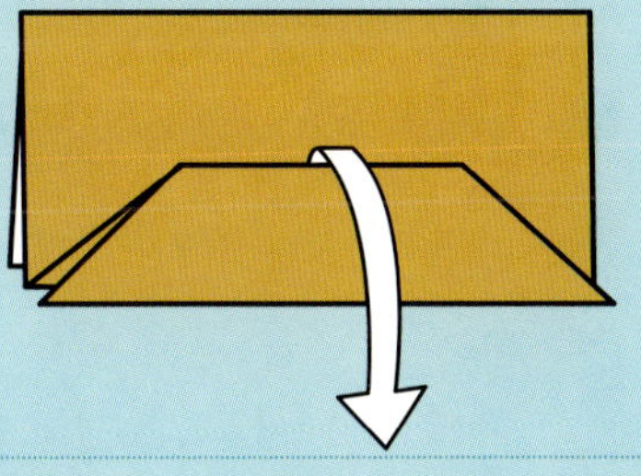

7

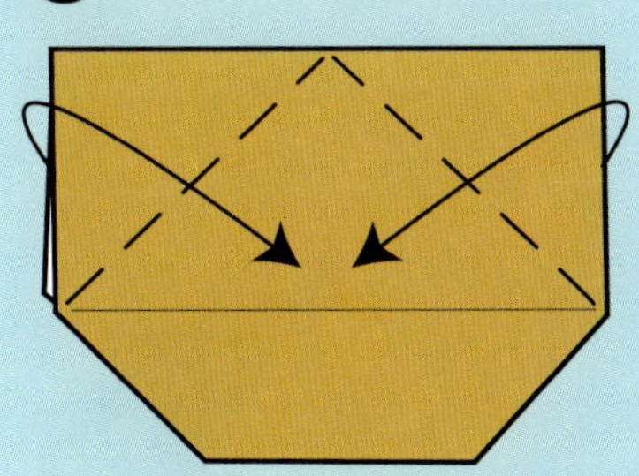

8

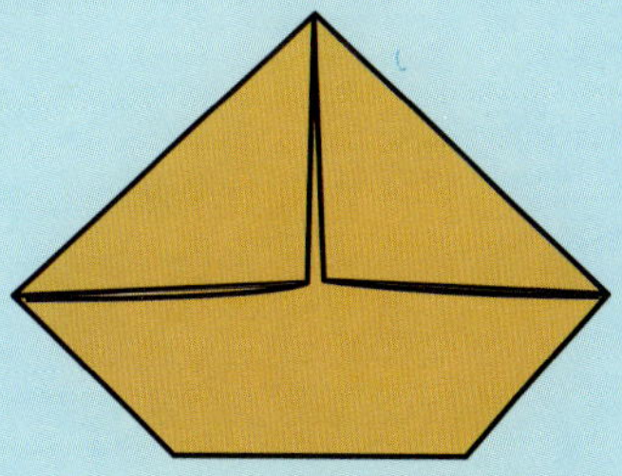

9

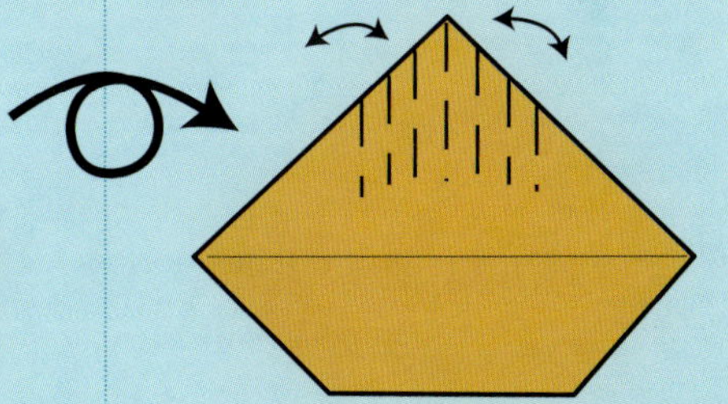

10

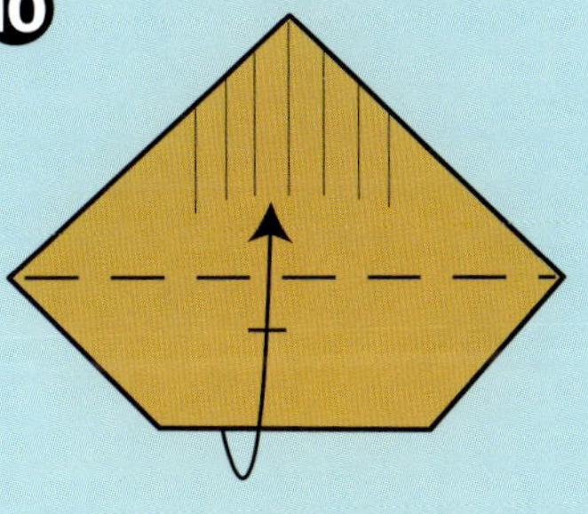

11

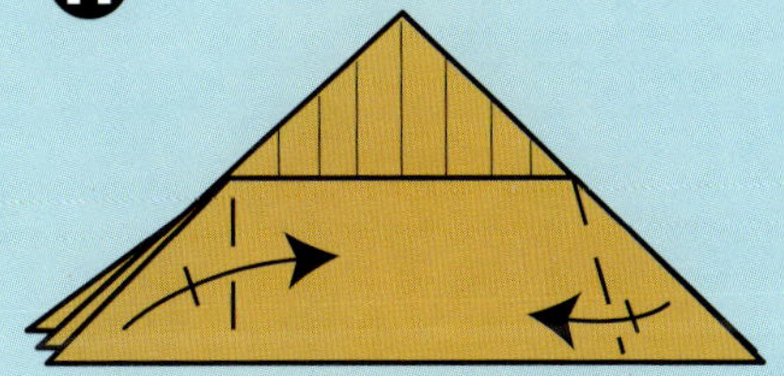

12

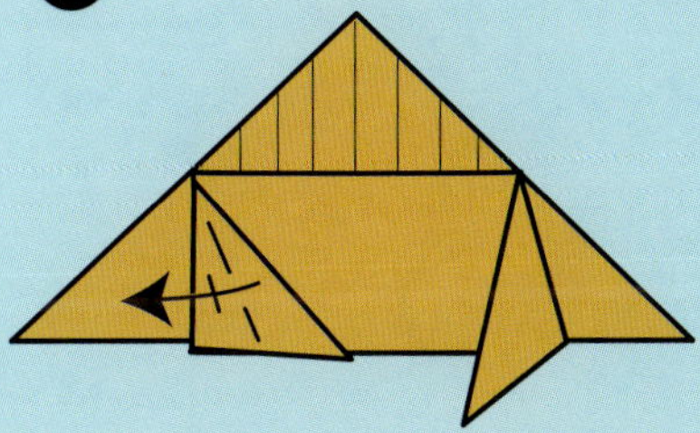

## Hühner

Kunihiko Kasahara ist einer der weltbesten Origami-Designer. Sein Talent liegt darin, im perfekten Verhältnis von Realismus und Stilisierung zu gestalten. Dieser Hahn ist ein gutes Beispiel: Er ist sofort zu erkennen, schlicht in der Form und doch mit viel Ausdruck. Für die passende Henne müssen nur wenige Arbeitsschritte variiert werden.

**1** Ein Quadrat (farbige Seite unten) zweimal diagonal falten. Die linke Ecke zum Mittelpunkt talfalten.

**2** So sollte es aussehen. Nun das Papier wenden.

**3** Die beiden kurzen Seiten so nach innen falten, dass die eben entstandenen Ecken auf den Mittelpunkt treffen.

**4** Das kleine farbige Quadrat nach rechts vertikal talfalten.

**5** Die Ecke wieder nach links legen, dabei eine kleine vertikale Falte einarbeiten.

**6** Die weißen Papierklappen nach außen ziehen und bergfalten. Die soeben gelegte kleine Falte gibt dabei nach (zur Orientierung siehe Abbildung).

**7** Nun die Figur in der Horizontalen zusammenfalten.

**8** Danach folgt die Detailarbeit am Kopf.

**9** Das hintere Ende des Kamms vorsichtig hochziehen und nach vorn schieben, dabei wie in der Abbildung eingezeichnet eine neue Falte bilden.

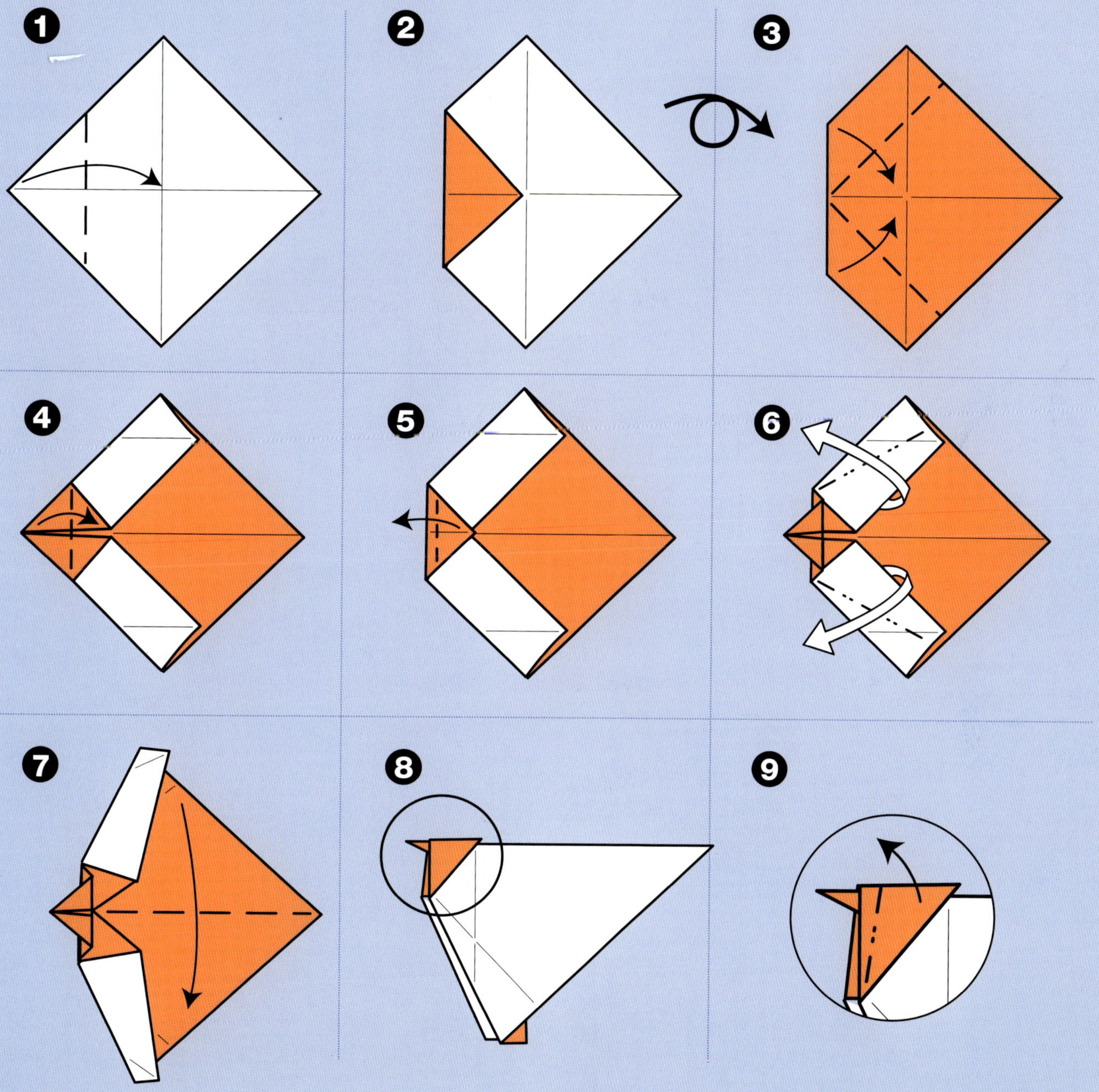
1
2
3
4
5
6
7
8
9

**10** Für den Schwanz die linke Spitze mit einem Gegenbruch nach innen versenken.

**11** Mit einem weiteren Gegenbruch nach außen aufrichten. Den Schnabel nach unten ziehen.

**12** Die unteren Ecken nach innen versenken, damit die Figur Stand hat.

**13** Fertig ist der Hahn!

**10a** Bei der Henne liegt der erste Gegenbruch des Schwanzes weiter vom Kamm entfernt.

**11a** Den Schwanz mit einem zweiten Gegenbruch nach außen aufrichten. Schnabel nach unten ziehen.

**12a** Die untere Kante wird weiter nach innen versenkt als beim Hahn.

**13a** Fertig ist die Henne!

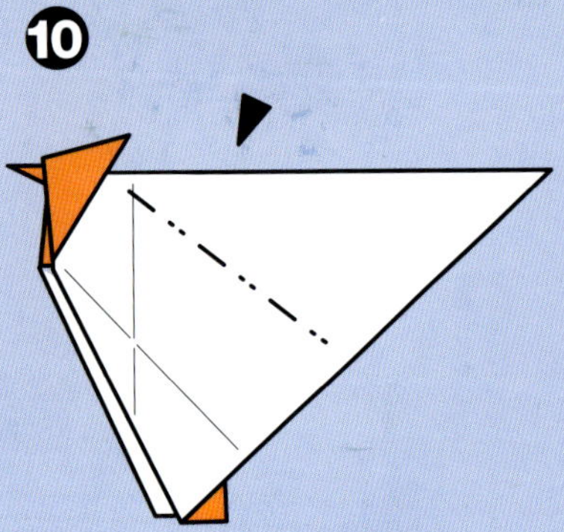


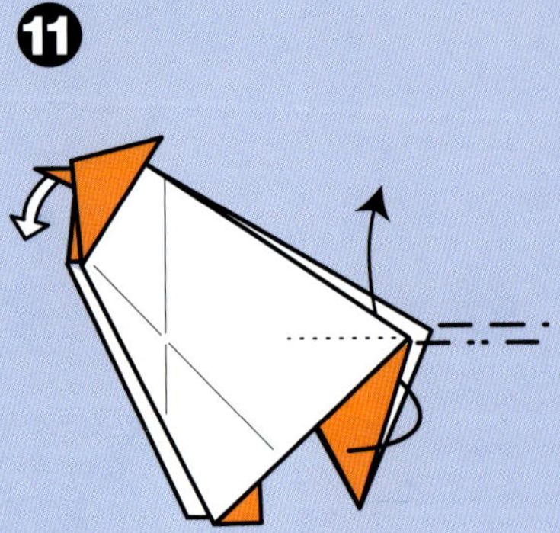


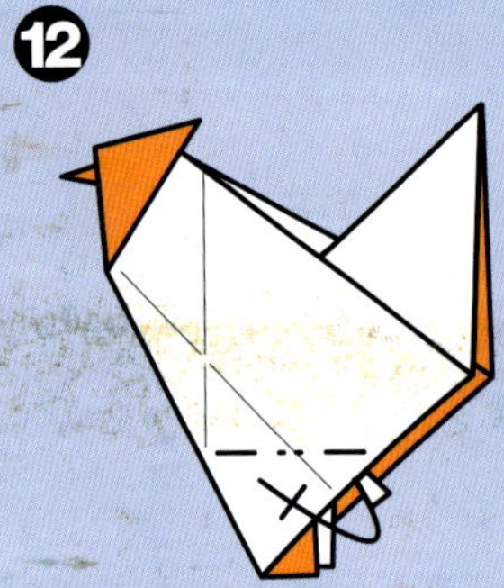

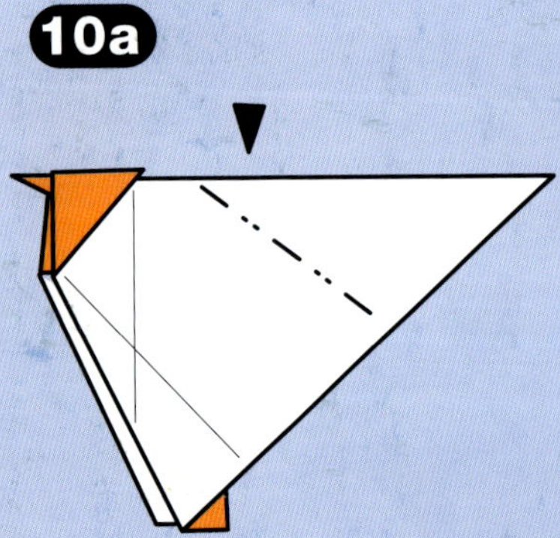


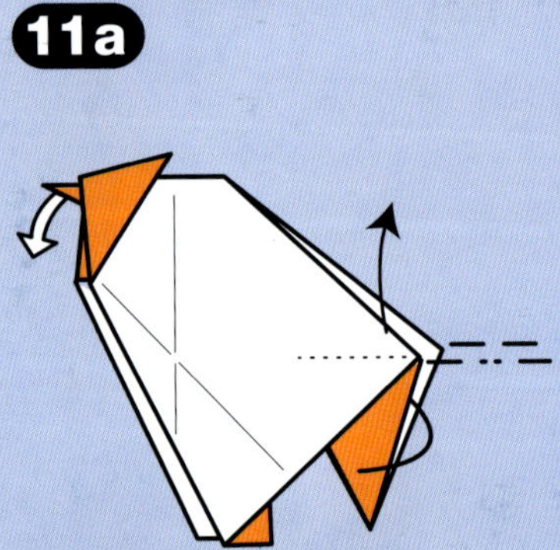


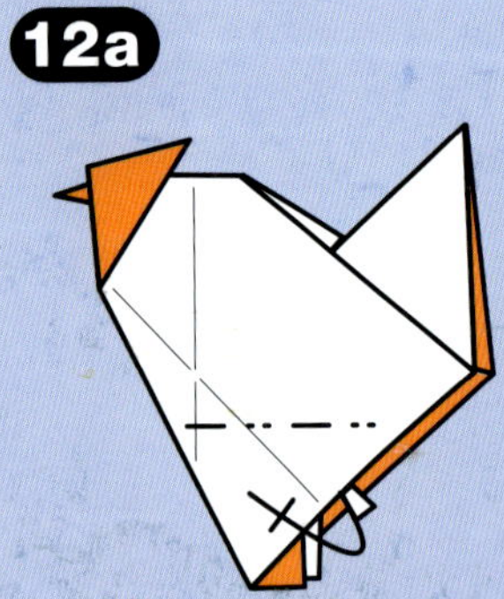


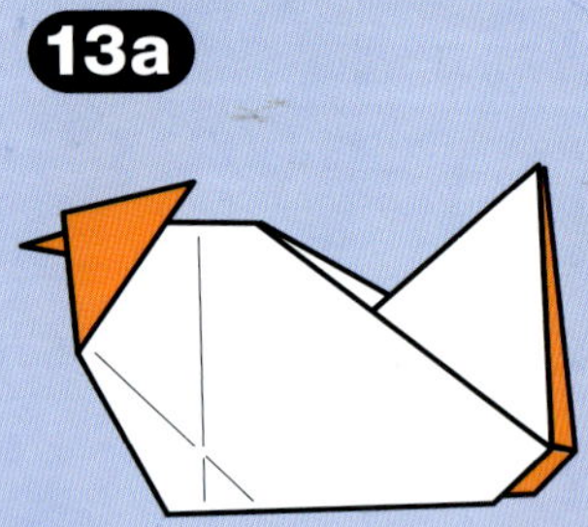

## Rosenschale

Wie viele Künstler habe auch ich meine Lieblingsthemen. Eins davon sind Schalen und Gefäße. Ich suche ständig nach schlichteren, eleganteren Methoden, ein Gefäß zu gestalten. Diese Figur entstand aus einer früheren Version: Ich experimentierte mit einem bestehenden Muster, indem ich einige Faltrichtungen umkehrte.

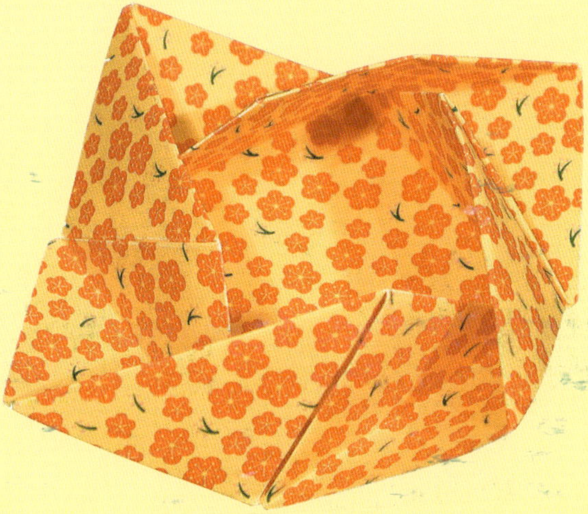

**1** Ein Quadrat (farbige Seite oben) horizontal und vertikal talfalten und entfalten.

**2** Das Papier wenden und rundherum Viertelfaltungen anbringen.

**3** Wieder wenden und von der rechten unteren Ecke ausgehend in das in der Abbildung gezeigte Quadrat eine Diagonale talfalten. Von jeder Ecke aus wiederholen.

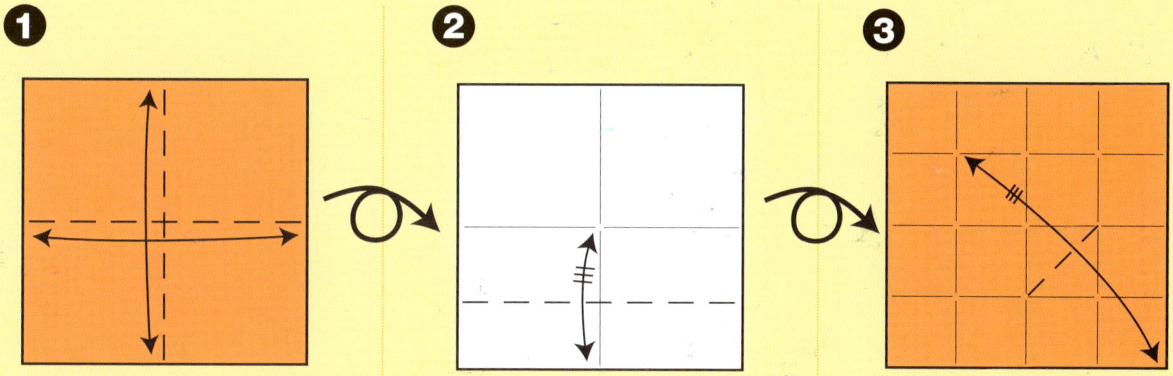

**4** Mithilfe der entstandenen Falten das Papier mit einer Drehbewegung …

**5** … zusammenschieben. Hier sieht man den halb ausgeführten Bewegungsablauf.

**6** Die Ecken der oberen Papierlage zum Mittelpunkt falten und wieder öffnen.

**7** Die vier zweilagigen Ecken in der Vertikalen nach links talfalten und entfalten.

**8** Die Spitze anheben und in Talfalte nach links hinter die benachbarte Spitze legen.

**9** Hier der fertig ausgeführte Schritt mit leicht geöffneten Lagen, um die genaue Anordnung zu zeigen.

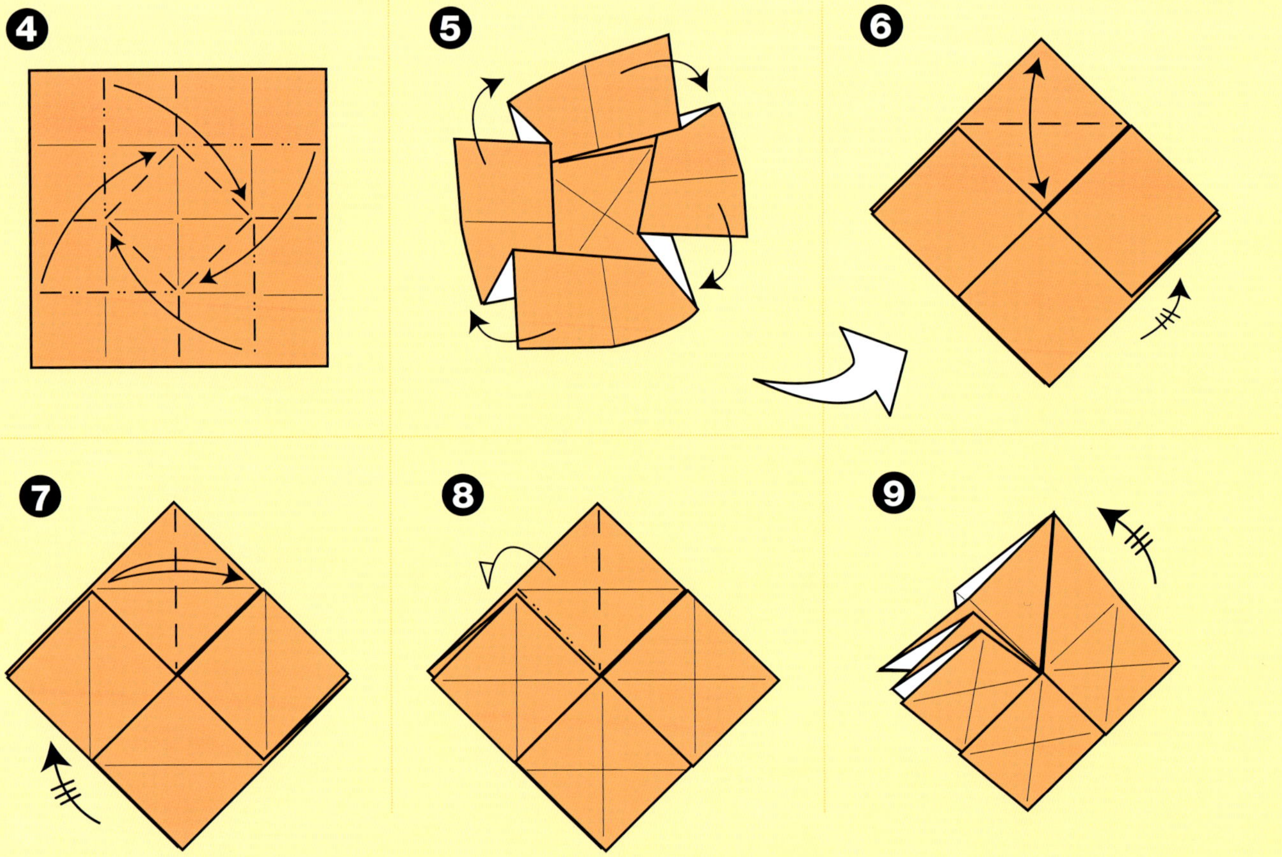

**10** Alle vier Spitzen, wie in Schritt 8 und 9 angegeben, fertig arbeiten. Figur wenden.

**11** Die kleinen, dreieckigen Klappen entlang der bestehenden Kante nach innen falten.

**12** Die Figur wieder wenden.

**13** Nun die Arbeit vorsichtig von der Mitte aus zu einer Schale in Rosenform öffnen.

10

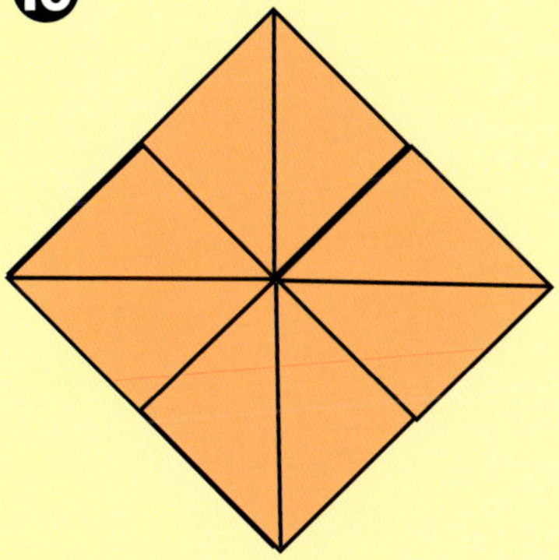

11

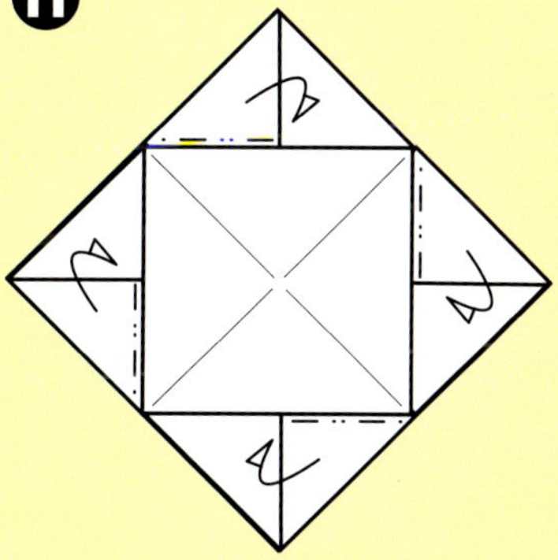

12

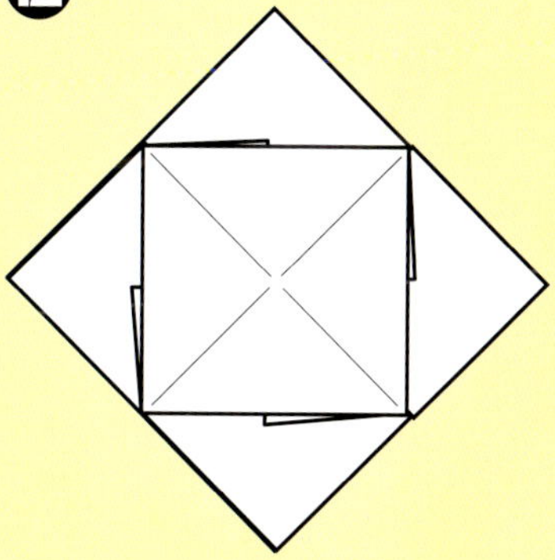

13

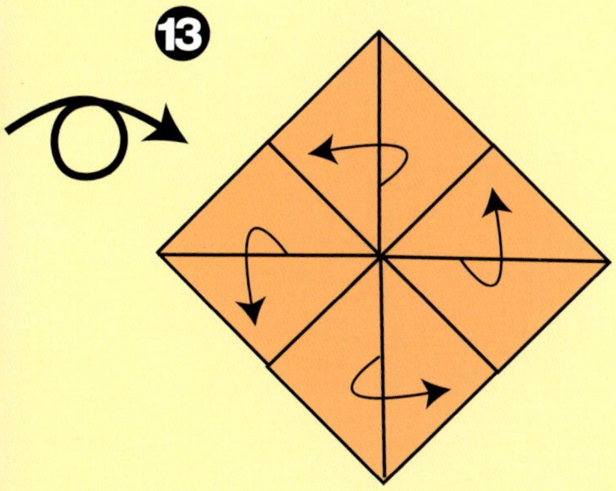

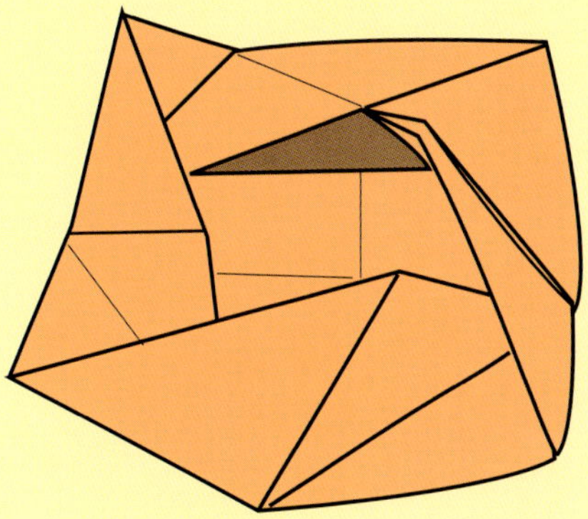

## Modul-Würfel

Modul-Figuren bestehen aus mehreren identischen, mit Taschen und Falten versehenen Origami-Elementen, die zu einer geometrischen Figur zusammengesteckt werden. Diese Figur soll demonstrieren, wie ein kreativer Falter aus einer Grundidee verschiedene Varianten entwickeln kann. Modul-Figuren müssen sehr akkurat gefaltet werden, damit die Elemente sich gut zusammenfügen lassen. Beginnen Sie mit einem Quadrat, die farbige Seite liegt oben. Sie brauchen sechs Papierquadrate für den Würfel – besonders attraktiv ist das Ergebnis, wenn Sie drei verschiedene Farben verwenden. Diese Figur wurde von Tomoko Fuse erfunden und wieder neu entdeckt.

**1** Die horizontale Mittellinie durch kurzes Andrücken an den Seiten markieren.

**2** Das Quadrat vertikal in der Mitte talfalten und wieder entfalten.

**3** Beide Seitenkanten zur Mitte falten. Das Papier wenden.

**4** Die Seitenkanten zur Mittellinie falten, wobei die untere Lage nicht mitgefaltet wird und dadurch automatisch nach vorn umgelegt wird.

**5** Nun die Schmalkanten zur Markierungsfalte legen.

**6** Fest andrücken, dann die Seiten halb aufklappen. Insgesamt sechs dieser Module falten.

**7** Zwei Module gemäß Abbildung aufstellen, das linke in die Falte des rechten schieben.

**8** Ein drittes Modul von oben aufstecken.

**9** Die restlichen drei Module zufügen. Die Farben sollen einander jeweils gegenüberliegen.

Dieses Thema lässt sich gut variieren – falten Sie doch einmal in Schritt 5 die Ecken nach innen.

1

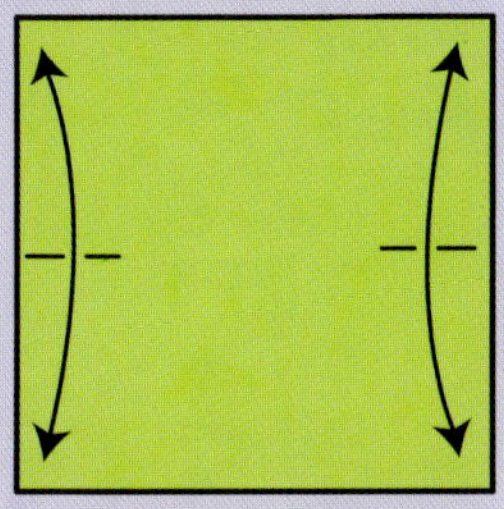

2

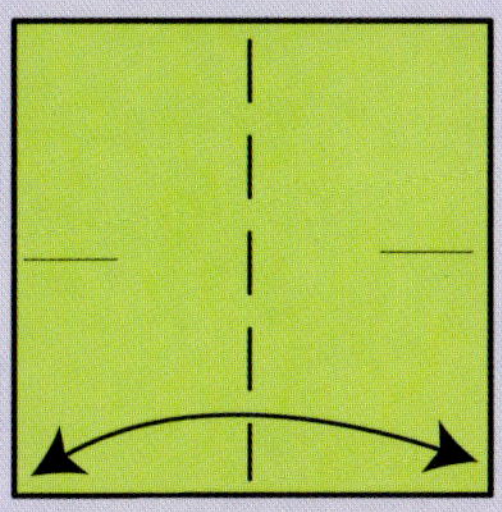

3

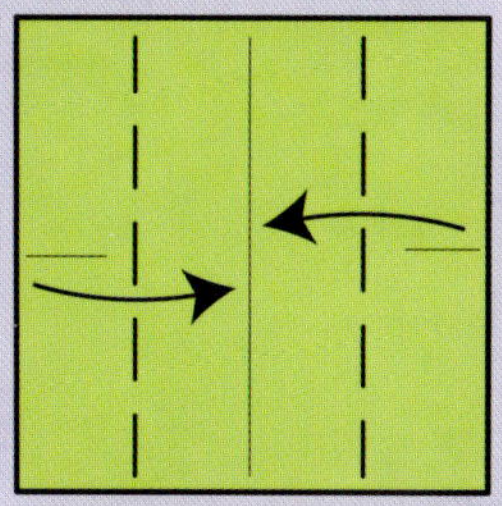

4

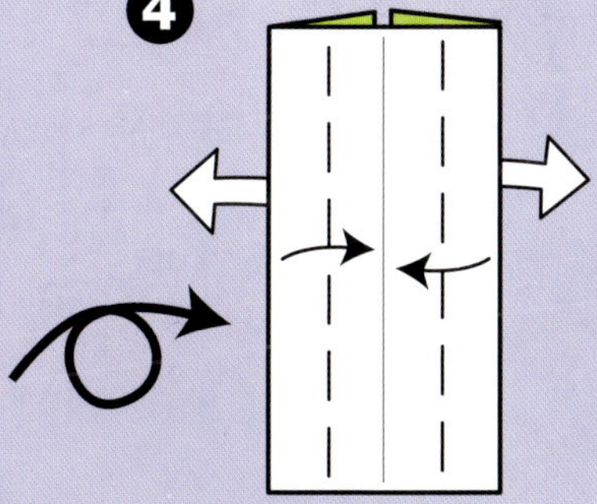

5

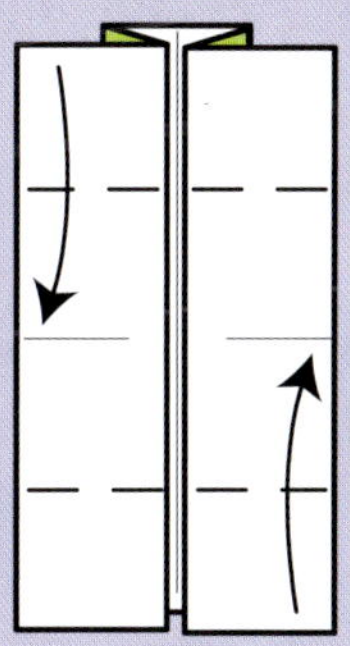

6

7

8

9

## Wie geht es weiter?

Nachdem Sie die meisten – oder hoffentlich alle – hier vorgestellten Figuren gefaltet haben, hat vielleicht auch Sie das Origami-Fieber gepackt. Eine gute Quelle für neue Anregungen ist das Internet – dort finden Sie tausende von Faltanleitungen zum Üben.

Wem es mit der Origami-Kunst wirklich ernst ist, kann einer der zahlreichen Origami-Gesellschaften beitreten, die es in der ganzen Welt gibt. Manche Falter gehören mehreren Organisationen an, um in den Genuss der monatlichen Veröffentlichungen zu kommen.

Einige Gesellschaften veranstalten jährlich Mitgliedertreffen, bei denen Falter aus aller Welt Tipps und Erfahrungen austauschen. Viele präsentieren sich auch im Internet und stellen Informationen zu allen Aspekten der Origami-Kunst bereit. Eine gute Suchmaschine wird Ihnen hunderte von Websites vorschlagen.


## Danksagung

Dieses Buch enthält Modelle von Kunihiko Kasahara, Evi Binzinger, John Smith, Seiryo Takegawa, Francis Ow, Tomoko Fuse, Jason Neale, Andrea Crain und Marc Kirschenbaum. Besonderer Dank gebührt meinem ausgezeichneten Korrektor Mark Robinson.


## Der Autor

Nick Robinson beschäftigt sich schon seit den frühen 1980er-Jahren mit Origami. Seit 20 Jahren ist er Mitglied der British Origami Society, seit 10 Jahren gehört er dem Vorstand an. Er ist Herausgeber ihres alle zwei Monate erscheinenden Magazins sowie der Webdesigner der Society.

Nick Robinson arbeitete vier Jahre lang als professioneller Origami-Lehrer. Er besuchte Schulen, Bibliotheken, Jugendclubs, Krankenhäuser und Kunstgalerien, um dort Origami und Papierkunst zu unterrichten. Er kam dabei mit Menschen aller Altersgruppen und Geschicklichkeitsgrade in Berührung.

Neben verschiedenen Auftritten im deutschen und englischen Fernsehen entwickelte er zahlreiche Werke für Werbekampagnen in der Presse, dem Fernsehen und dem Internet. Über 100 seiner Origami-Schöpfungen sind in 13 Ländern veröffentlicht worden, unter anderem in einer japanischen Zeitung. Er nahm weltweit an vielen renommierten Ausstellungen teil. 1994 ging er in drei der fünf Kategorien der International Alice in Wonderland Origami Competition als Sieger hervor.

Nick Robinson hat mehr als ein dutzend Origami-Bücher geschrieben und mit Abbildungen versehen, von denen weltweit eine halbe Million Exemplare verkauft wurden.